世界と日本
がわかる
国ぐにの歴史

# 一冊でわかる
# イラン史

関 眞興
Seki Shinkoh

河出書房新社

はじめに

# イランを知れば国際情勢がわかる

中東の大国・イランというと、アメリカと対立するイスラム教の国だとか、アラビアンナイト（千夜一夜物語）をイメージする人が多いと思います。歴史はたいへん古く、約2800年前から記録が残っています。

世界地図で見ると、イランの国土は西洋と東洋の中間に位置しています。かつてペルシャと呼ばれていたこの場所では、東西の民族が行き来して文化が交わり、数多くの王朝が興亡をくり返しました。日本との接点も古くからあり、3～7世紀に栄えたササン朝の工芸品が、奈良県の正倉院に納められています。

近年、イランはイスラエルやアメリカとはげしく対立しており、緊迫した情勢が続いています。これは、ユダヤ教徒やキリスト教徒との対立だとか、石油や領土をめぐる争いだとか、そんな単純なものではありません。国際関係がからむ複雑な事情があります。

では、イランが歩んできた道を、たどっていきましょう。

関 眞興

知ってびっくり！

# イランの4つのひみつ

初めてイラン史にふれるあなたに、意外な事実を紹介します！

## ひみつ1

### イスラム教徒が増えた原因は税金だった！

7世紀に誕生したウマイヤ朝は、イラン高原でイスラム教を広めていきました。このとき、「イスラム教徒でない者には課税する」というルールができ、税金を逃れるためにイスラム教徒になる者が増えました。

→くわしくは 85 ページへ

## ひみつ2

### イスファハーンは「世界の半分」？

サファヴィー朝の首都となったイスファハーンは、バザール（市場）が開かれて商業都市として発展しました。人口が急増して大都市となり、「世界の半分」と呼ばれるほど繁栄しました。

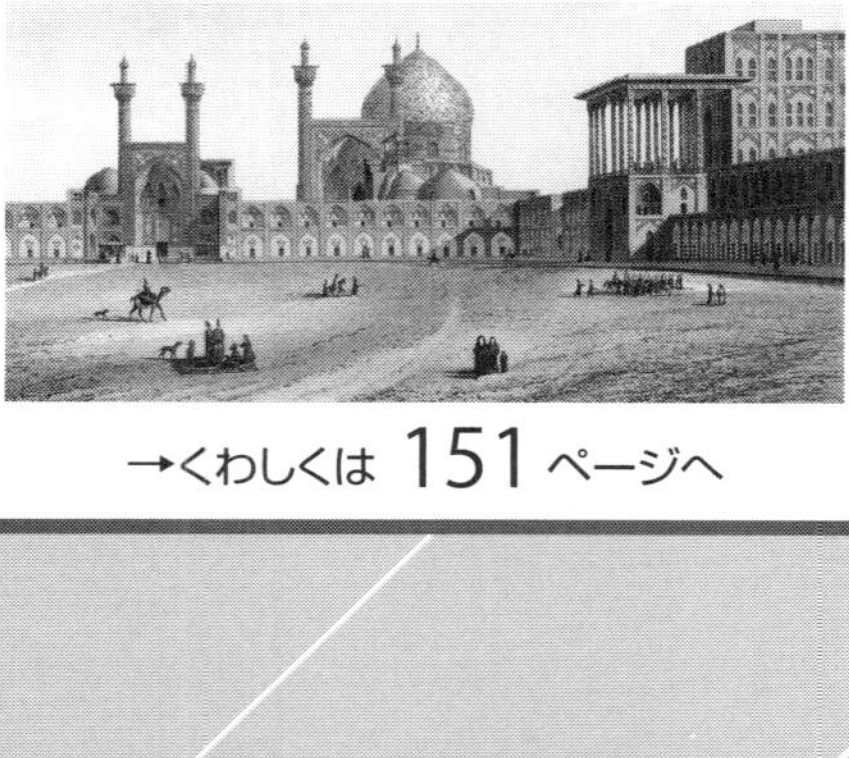

→くわしくは 151 ページへ

## ひみつ3

### タバコが原因で大衆が王に大反発!

19世紀のイランではタバコが一大産業に成長しました。王はタバコ利権をイギリスに与えようとしますが、庶民が大反発しました。この運動がイラン全土に広がると王は取り消しを余儀なくされました。

→くわしくは 176 ページへ

## ひみつ4

### イランが国名になったのは20世紀になってから!

イランの地はさまざまな国や民族が支配してきました。1934年、国王は各国に対して「わが国はイランを名乗る」と通知し、ようやくイランが誕生しました。

→くわしくは 198 ページへ

**さあ、イラン史をたどっていこう!**

# 目次

ベヒストゥン戦勝記念碑文

現在のイラン西部ケルマーンシャー州のベヒストゥン山にある記念碑。紀元前6世紀ごろアケメネス朝のダレイオス1世の命で、即位の経緯やその正統性を説明する内容が刻まれました。

## chapter 2 パルティアの時代

chapter 3 ササン朝ペルシア帝国



chapter 4 イスラム化するイラン

chapter 7 ガージャール朝

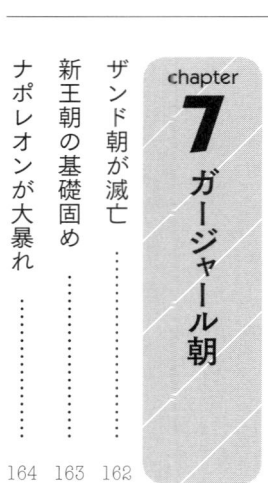

ひみつコラム

# プロローグ

## 中東の「東」にある国

イランは「中東」と呼ばれるエリアに属します。この言葉は、ヨーロッパから見て東にある地域の呼び名のひとつです。日本は、ヨーロッパからはるか遠くの東、つまり「極東」に位置しています。

第二次世界大戦前、イギリスがエジプトのカイロに「中東軍司令部」を設置しました。この軍司令部の管轄は、北アフリカのリビアからイラクまででした。戦後、中東の範囲は少し広がり、モロッコ、モーリタニアからアフガニスタンまでとなっています。つまりイランは、中東の東に位置します。

イランの国土の北部はトルコ、アルメニア、アゼルバイジャン、トルクメニスタンと接しています。西部はイラクと接し、東部はアフガニスタン、パキスタンと接しています。もう少し引いて地図を見ると、カスピ海の向こうにはロシアがあり、ペルシャ湾の向こうにはサウジアラビアがあります。

イランは、同じイスラム教国でありながら、とくにイラクやサウジアラビアと長きに

## イランの国土と主要な都市

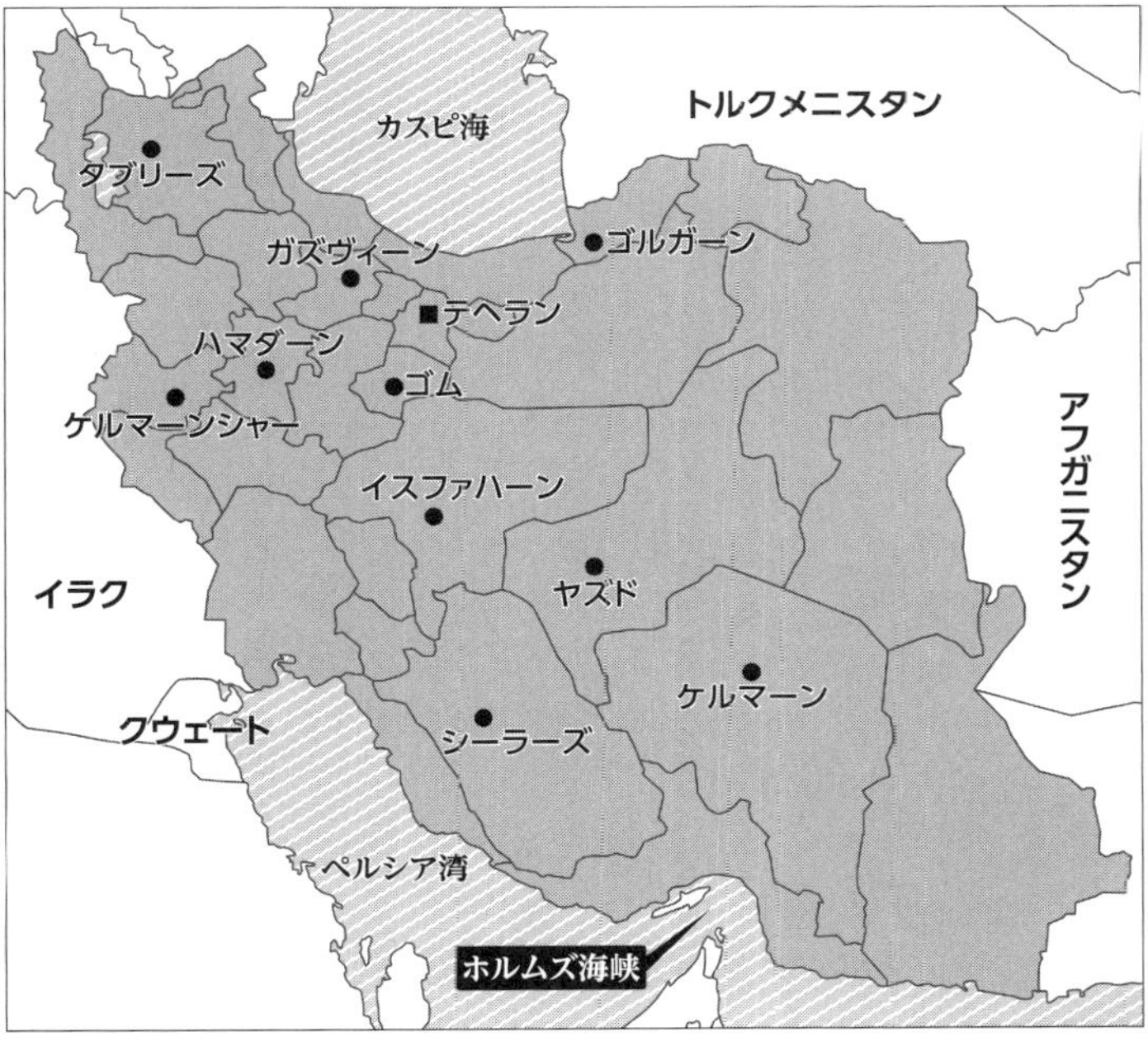

| | |
|---|---|
| 総面積 | 164万8,195㎢<br>(日本の約4.4倍) |
| 総人口 | 8,920万人 |

※2023年、外務省ホームページにもとづく

わたって対立しており、周辺国との関係には紆余曲折《うよきょくせつ》があります。

また、平面的な地図ではわからないのですが、イランは国土の大半が海抜1000メートル前後の山岳地帯にあります。北部一帯はイラン高原と呼ばれ、北西からペルシア湾に向かってザグロス山脈が走り、カスピ海の南はエルブルズ山脈があります。エルブルズ山脈の南の麓《ふもと》に、首都テヘランがあります。

イランは、かつて最高気温74℃を記録したことがあるほど夏は暑く、降水量が少なく乾燥しているため砂漠も広がります。ただ、山麓には川が流れ、カナートと呼ばれる地下灌漑《かんがい》水路も整備されており、農業がさかんな国でもあります。

エルブルズ山脈の南を通る幹線道路は、首都テヘランを通って西はイラクの首都バグダードにいたり、東は中央アジアのウズベキスタンのサマルカンドやアフガニスタンのヘラート方面に向かって伸びています。

ところで、イランの正式な国名は、イラン・イスラム共和国です。その名のとおりイスラム教の国として知られています。イスラム教にはおもにスンナ派とシーア派があり、イラン人の90％以上はシーア派を信仰しているとされています。シーア派はイスラム教

## シーア派が多数を占める国

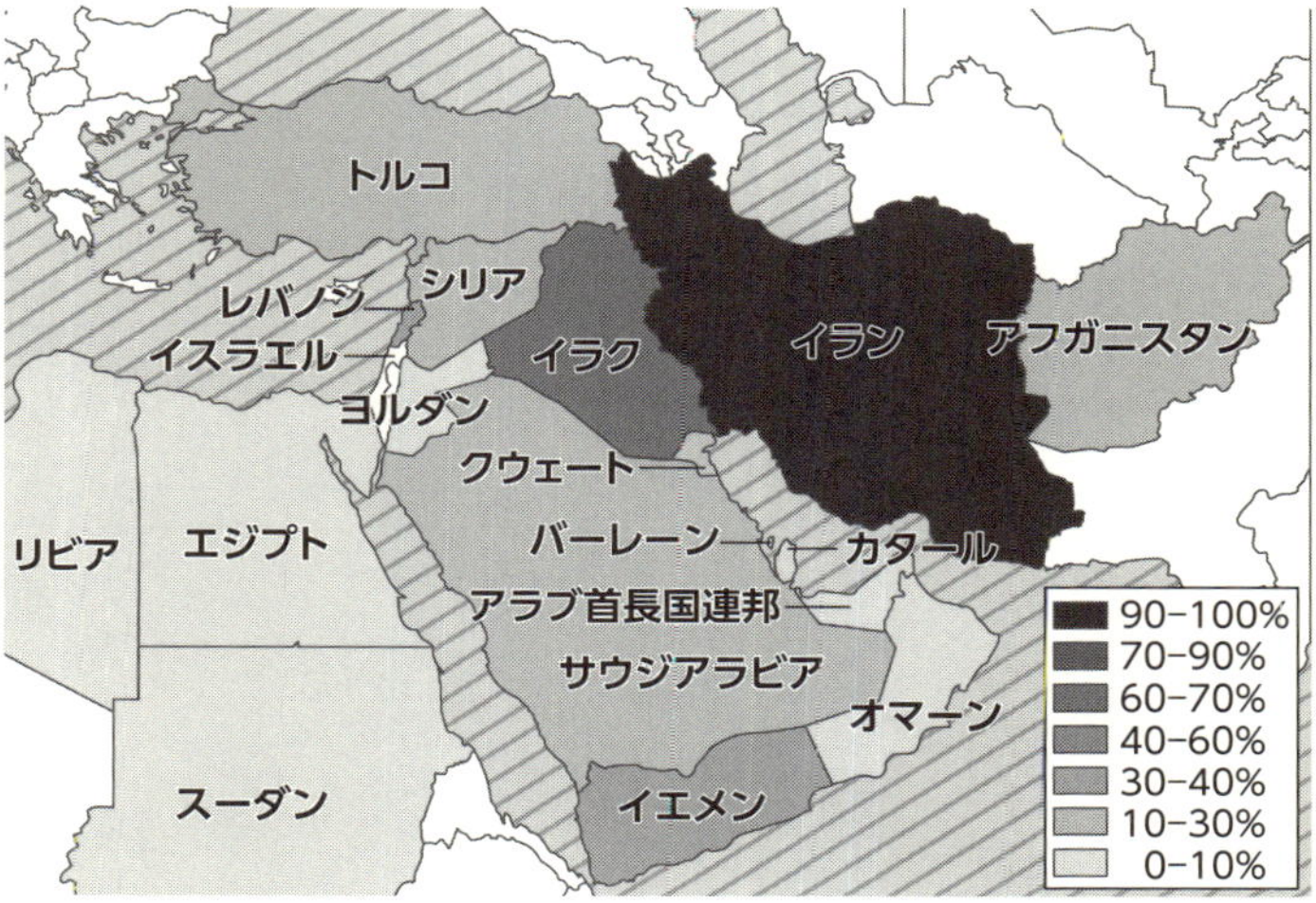


## おもな国の宗教構成

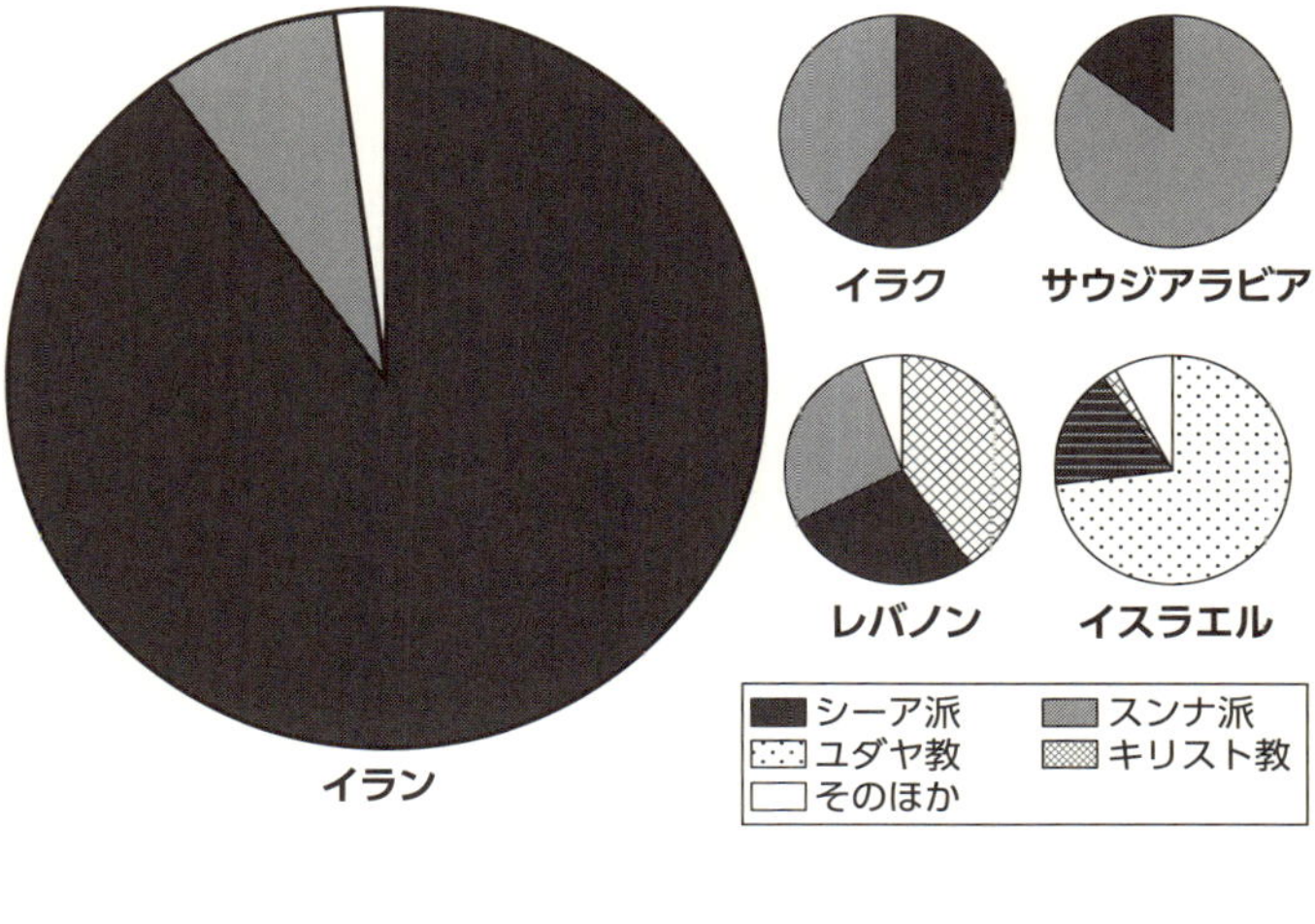

においては少数派で、ほかにシーア派が多数を占める国はイラク（約60％）だけです。

また、そのシーア派のなかでもイランは「十二イマーム派」を信仰する人が多数を占めており、国教となっています。

イランには日本に親しみを覚える人が多いといわれています。これは、20世紀のはじめにイランに進出して政府や民衆を苦しめたロシア帝国を、日本が戦争（日露戦争）で破ったことがきっかけとされます。

1953年には、石油の国有化をめざすイランに対し、イギリスが軍艦を派遣し輸出を阻止するという事件がありました。このとき、日本の出光興産《いでみつこうさん》という会社がイランとの石油貿易を求めました。出光興産はイラン政府と交渉して日章丸《にっしょうまる》というタンカーをイランに派遣し、そのまま石油を積んで日本に戻りました。一企業の独断であり、国際問題となりますが、のちに貿易は認められ、日本とイランとの関係は深まりました。

政治的、文化的にたいへん複雑な流れを経て現在にいたるイランの歴史は、位置と地形を知っておくと、わかりやすくなります。

では、この国の長い歴史をみていきましょう。

chapter 1

# イランのはじまり

## エラム人とメソポタミア文明

世界史でイランが最初に登場するのは、紀元前４０００年代の末です。このころ、ザグロス山脈の南部とペルシア湾に囲まれたエラムという地域に、エラム人が存在しました。エラム人がどこからきたのか、またイラン人の祖先であるかどうかは不明ですが、イラン地域に登場する最初の人びとであることは確かです。

同じころ、ザグロス山脈の西側には、四大文明のひとつメソポタミア文明が栄えていました。メソポタミアとは、「チグリス川とユーフラテス川のあいだの地方」という意味で、ふたつの川の流域では農耕や牧畜が行われていました。

メソポタミア文明が広がったエリアは、ふたつの川が接近する地域で、南北に分かれていました。北はアッシリア、南はバビロニアといいます。バビロニアは、さらに南北に分かれており、北部をアッカド、河口に近い南部をシュメールといいます。

紀元前３０００年ごろ、バビロニア南部でシュメール人による都市国家がつくられ、初期王朝が誕生しました。このころエラム人は、シュメール人の文字をもとにエラム文

## メソポタミアとエラム

字をつくります。エラム文字は、改良されながら以後2000年以上にわたってイラン高原で使われました。
また、エラム人は、エラムでとれる銅などの鉱物資源と、シュメール人が生産する穀物とを交換することで経済力や軍事力を高めていきました。

## メソポタミア諸王朝

紀元前2300年代のなかばに、バビロニア北部のアッカドに登場したサルゴン1世は、シュメールの初期王朝を倒し、アッカド王国を建てました。紀元前2100年代になると、シュメール人が復活して、バビロニアにウル第3王朝が誕生します。この期間、エラム人はメソポタミアの各地域との交易を続けており、ときには支配されることもありました。

紀元前2000年ごろ、エラム人はウル第3王朝を滅ぼしました。そのあと、メソポタミアではバビロン第1王朝が勢力を広げ、エラム人はこの勢力とも戦いました。

紀元前1700年代の後半、バビロン第1王朝のハムラビ王がメソポタミア全域を統一すると、エラム人はその支配下に組み入れられました。

その後、バビロン第1王朝は、北のアナトリア（小アジア）から進出してきたヒッタイト王国に滅ぼされます。

ヒッタイト人は、製鉄の技術をもち、馬を活用するなど強大な軍事力をほこりました。しかし、ヒッタイト王国も紀元前1200年ごろ、当時地中海沿岸を荒らし回ってい

## そのころ、日本では？

紀元前2000年代から1000年代は、日本では縄文時代の後期にあたります。北海道や北東北では、大きな石を円形に並べた環状列石《かんじようれつせき》が多数つくられました。これらは儀式が行われていた場所とされています。秋田県鹿角市《かづのし》にある大《おお》湯《ゆ》環状列石は、その代表例です。

た「海の民」に滅ぼされ、エラム王国はカッシートの支配下に入りました。

カッシート人は、紀元前1700年代に現れた民族で、バビロン第1王朝の時代には兵士として雇われたり、農作業を行ったりしていました。バビロン第1王朝が滅ぼされたあと、カッシート人はバビロニアを拠点として王朝を建てました。これを、バビロン第3王朝といいます。

## スーサで発見されたハムラビ法典

エラム王国がバビロン第3王朝に支配されていたころ、その北ではアッシリア王国が強大な勢力をほこっていました。アッシリア王国は紀元前2000年代の初めごろに建国され、少しずつ支配地域を広げていました。

紀元前1300年代後半、エラム王国はアッシリア王国と組んで、バビロン第3王朝を倒しました。その後、エ

ラム王国はアッシリア王国に敗れ、メソポタミア全域はアッシリア王国の支配下となりました。

紀元前１２００年代になると、エラム人はふたたび勢力をもり返し、アッシリア支配下のバビロニアを攻撃します。このときエラム人が持ち帰った戦利品の中に、ハムラビ法典の石碑がありました。これは、１９０１年にスーサで発見されています。

## アンシャンとパルスア

スーサとならんでエラム王国の主要都市であったアンシャンには、紀元前８００年代に中央アジアから人が移り住むようになりました。アンシャン周辺に居住地が広がると、イラン高原の南半分全体がアンシャンと呼ばれるようになりました。

そのころのアッシリア王国の文献に、イラン高原の南半分をさす地名として、パルスアという言葉が登場します。これが、「ペルシア」の起源とされています。

紀元前６００年代の後半、アッシリア王国はメソポタミアの外へと領土を広げ、現在のシリアやイスラエル、エジプトまでを支配下に収めました。

## アッシリア王国の最大版図

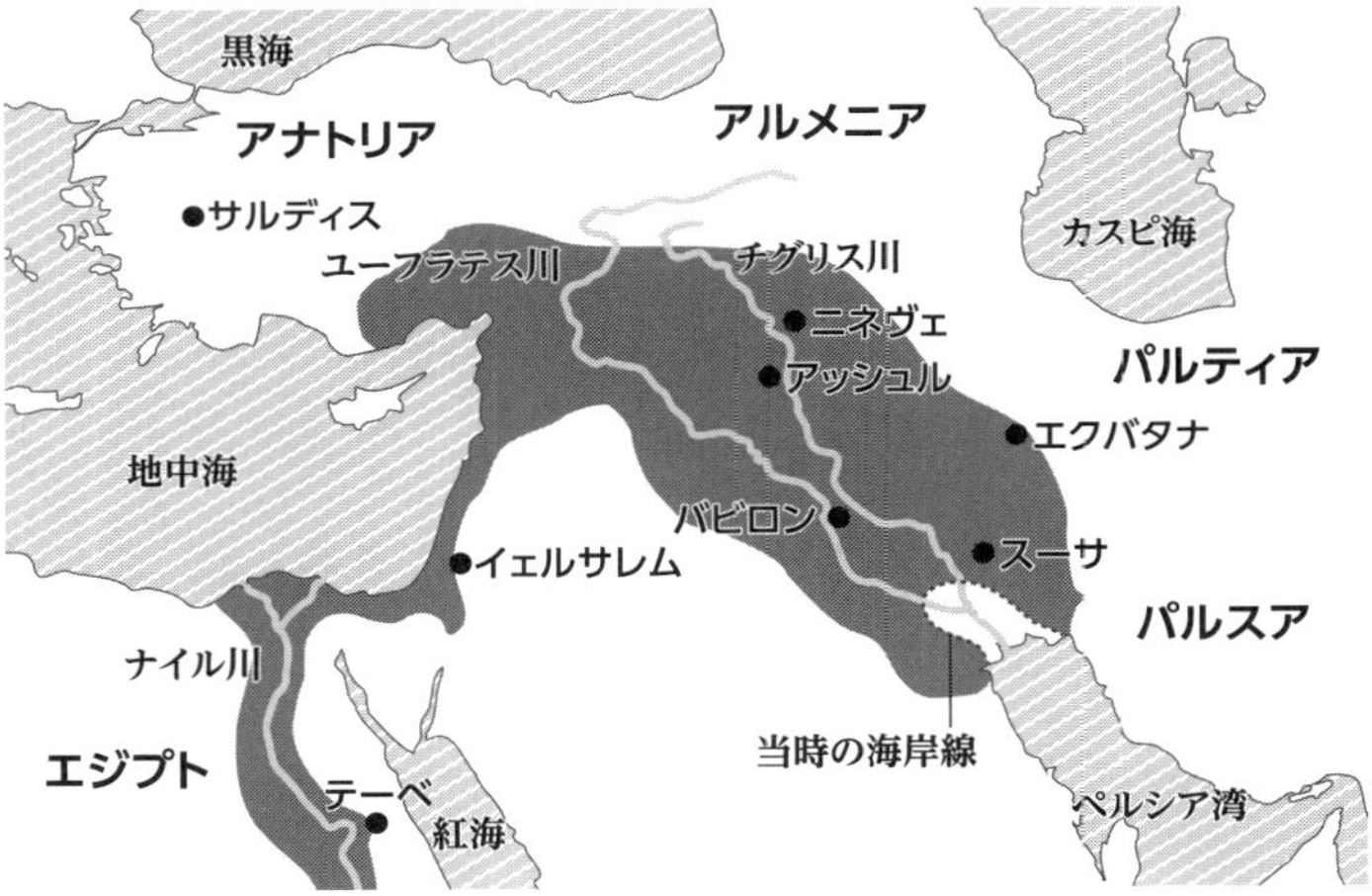


さらにエラム王国を滅ぼしたアッシリアは、世界史上最初の「帝国」と呼ばれます。
強大化したアッシリア王国は、住民に重い税を課すだけでなく、未開発の土地などに移住させて労働を強制しました。それに対する不満は大きく、紀元前600年代後半をすぎると、アッシリア王国は急速に弱体化します。
このころ、イラン北西部のエクバタナ（ハマダーン）にはメディア人がいて、さまざまな勢力が入り乱れていました。
紀元前600年代の前半、エクバタナでキャクサレス王が即位しました。キャクサレス王は軍備を整え、対立するスキタイ人を破るなどして、メディア王国を成長させました。

## ゾロアスター教の成立

メディア王国が成立した紀元前600年代、ゾロアスターという人物が、イラン高原でゾロアスター教を創始しました。

ゾロアスター教では、光を純粋、正義、心理、幸福を意味するものとみなし、闇《やみ》は不純、不正、虚偽、不幸を意味するものとみなします。ゾロアスターは、光の神アフラ・マズダと闇の神アーリマンが戦い、最終的には光の神が勝利すると説きました。また、ゾロアスター教は、光を象徴するものとして火を重視したことから、拝火教《はいかきょう》とも呼ばれます。

### そのころ、日本では？

紀元前600年ごろは、縄文時代の晩期にあたります。津軽《つがる》半島《はんとう》では亀ヶ岡《かめがおか》文化が繁栄しました。土器の形や模様は多様化し、遮光器土偶《しやこうきどぐう》がつくられました。「遮光器」とは、北方の民族が雪の照り返しのまぶしさを避けるために使っていたゴーグルのようなものです。

ただ、ゾロアスターについては不明なことが多く、紀元前1200年代に活動したという説もあります。

## アッシリアをやっつけろ

メディア王国が勢力を広げていたころ、バビロニア南部ではカルデア人が台頭しました。彼らもアッシリアの支配下にありましたが、紀元前625年に新バビロニア王国を建設します。

新バビロニア王国は、紀元前612年にメディア王国と組んで、アッシリア王国の都ニネヴェを攻め落として滅ぼしました。

同じ時期、アナトリアは、リディア（リュディア）王国が支配していました。さらに西のエジプトでも、アッシリア王国の支配から解放された王朝ができ、メディア、新バビロニア、リディア、エジプトの4国が中東で対立をくり返すようになりました。

なお、このころリディア王国では、世界史上初めて貨幣（金貨）がつくられています。貨幣づくりは周辺国にも広まり、それぞれの王の肖像が刻まれました。

## キュロス2世、メディアを滅ぼす

紀元前585年、メディア王国はリディア王国と休戦協定を結びました。この期間にメディア王国のキャクサレス王は、寄せ集めでつくられていた軍隊を、アッシリア帝国にならって整備します。そして領土を東へと拡大し、中央アジアの一部も支配しました。

メディア人はかつてのアッシリア人のように、支配地域の住民に重い税を課したり、労働を強制したりしながら、みずからはぜいたくな生活を楽しみました。

同じころ新バビロニア王国は、エジプト支配下のユダ王国を攻め、そこに住むユダヤ人を捕らえて首都バビロンへ送りました。これを「バビロン捕囚《ほしゅう》」といいます。

さて、メディア王国の支配下で、かつてエラム王国の中心都市だったアンシャンには、アケメネス家という有力な部族が存在しました。アケメネス家のカンビセス1世はメディア王の娘と結婚し、紀元前576年ごろにキュロス2世という子が生まれました。

紀元前559年、キュロス2世はペルシア王となり、ここからアケメネス朝がスタートします。9年後、キュロス2世はメディア王国に対して反乱を起こしました。

メディア王は反乱をしずめるためにアンシャンへ軍を送りますが、軍の司令官がキュロス2世に寝返ります。こうしてメディアは攻め込まれる立場となり、この年、メディア王はキュロス2世に捕らえられ、メディア王国は滅びました。

勢いに乗ったキュロス2世は、紀元前546年にメディアの同盟国リディアを滅ぼし、さらに紀元前539年には新バビロニア王国も滅ぼします。翌年、キュロス2世はバビロンに移されていたユダヤ人を解放しました。

キュロス2世によって統一されたメソポタミア、イラン高原から中央アジア、小アジアはアケメネス朝ペルシアの領土に編入されました。

## カルタゴは征服できず

戦争で大きな成果を上げたキュロス2世は、内政においてはメディア王国の制度を受け継いだとみられています。そのメディア王国は、アッシリアの制度を受け継いでいました。ただ、キュロス2世は明確な国家理念を示さず、首都も決めませんでした。

紀元前530年、キュロス2世が死去すると、後を継いだ子のカンビセス2世はエジプトへ攻め込みます。そして紀元前525年、エジプトを制圧したカンビセス2世は、エジプトのファラオ（王）にもなりました。

4国対立の時代を終わらせたカンビセス2世は、地中海への進出も考えており、アフリカ北岸のカルタゴを征服しようとしました。この計画には地中海の東海岸に拠点をもつフェニキア人の協力が不可欠でしたが、カルタゴはフェニキア人が建てた国であったため、それを断ります。結局、カルタゴは征服できませんでした。

その後、カンビセス2世はエチオピアへの遠征を計画しますが、途中で断念します。

そんなおり本国から反乱の知らせが入り、戦う準備を進める途中でカンビセス2世は急死したといわれています。

## ダレイオス1世は王位を奪った？

カンビセス2世の死後、ダレイオス1世が即位します。彼はキュロス2世と同族の生まれですが、血統的には近いわけでなく、父親は地方長官でした。なお、カンビセス2世の死去とダレイオス1世の即位については、王位を強引に奪ったという見方もありますが、はっきりしていません。

ダレイオス1世の即位後、有力者たちが各地で反乱を起こしますが、彼は反乱を短期間でしずめました。反乱後のできごとは現在のイラン西部の岩山に記されており、「ベヒストゥン戦勝記念碑文」として、世界遺産に登録されています。碑文はダレイオス1世がみずから語る形式となっており、その出自や王となった経緯、領土などがペルシア語、アッカド語、エラム語で記されています。このことから、ダレイオス1世は自分の正統性を主張する必要があったと考えられています。

ダレイオス1世は、アケメネス朝ペルシアの国としての体制の整備や、都の建設に取りかかり、征服したメディア人、バビロニア人、シリア人、リュディア人、フェニキア人、アラム人、エジプト人、ギリシア人たちの上に「王の王」として君臨しました。

アケメネス朝では、領土を20の州（サトラペイア）に分け、その土地の有力者を太守（サトラップ）に任命します。

サトラップたちは、担当する地域の治安を守り、経済力に応じた税金を住民から取り立てて国へ納めることが義務づけられました。また、サトラップが派遣されていない一部の地域にも、王に貢《みつ》ぎ物をすることが義務づけられました。

ダレイオス1世は、中央から官僚を派遣して行動を監視し、さらに、不正行為がないかなどを見張るため「王の目」「王の耳」といわれる直属のスパイを派遣しました。

## 王直属の「不死隊」と「王の道」

アケメネス朝ペルシアの宮廷は、王とその子、さらに親族を中心に構成されていました。イラン人以外の貴族たちも、王の助言者として仕えていたようです。

政治体制は、法官や財務官、徴税官などの官僚たちが中心だったと考えられています。

国家を維持するために不可欠な軍隊は、10人を最小単位として指揮官が置かれ、それを100人、1000人、1万人と束ねる軍団が組織されました。

軍団は弓や槍で武装した歩兵のほか、騎兵やラクダ兵、戦車兵によって編成されました。王直属の精鋭部隊は「不死隊」と呼ばれました。大きな戦争にのぞむ場合は、サトラペイアから地方軍が、ギリシアからは傭兵が集められました。

また、アケメネス朝ペルシアの広大な領土では、それぞれの地域を結ぶ交通網や、情報伝達のインフラが必要でした。ダレイオス1世は、現在のトルコ西部にあったサルディスから、現在のイランにあるスーサにいたる道を整備します。この道は「王の道」と呼ばれ、全長が約2400キロもありました。石畳などで整備され、馬車を走らせることができたといわれます。王の道全体では111もの宿駅《しゅくえき》が設置され、一部の宿駅には軍隊も配置されました。

王の道を端から端まで歩くと、徒歩で90日かかったとされますが、馬を使えば7日で到達できたともいわれます。物資の運搬や情報の伝達にも大きな役割を果たし、緊急時には、狼煙《のろし》を使って情報を伝える方法もありました。

## 王の権威を示した金貨

ダレイオス1世は、紀元前520年より宮殿の建設をはじめ、50年あまりの年月をかけて完成させます。宮殿がある場所は、ペルセポリス（ギリシア語で「ペルシア人の都」の意味）と呼ばれました。

この宮殿の壁画には、ダレイオス1世の姿がとくに大きく描かれ、権力の大きさが示されています。ダレイオス1世のそばにはペルシア人とメディア人の護衛が描かれ、両者がアケメネス朝ペルシアを代表する民族であることがわかります。

また、ダレイオス1世の玉座をさまざまな民族が支える姿が描かれました。これは、アケメネス朝ペルシアが多くの民族からなる国家であったことを示しています。

ダレイオス1世は、「クロイソス金貨」という貨幣を支配地域で使えるようにして、弓を射ている自身の姿が描かれた「ダリック金貨」をつくりました。この金貨は王の権威を示すものとして、軍隊の上官やサトラップの長官に贈られたり、傭兵への給料とされたりしたようです。もちろん取引にも使われ、アケメネス朝では商業が発展しました。

なお、国王の許可のもとでサトラップたちも金貨や銀貨をつくって兵を集め、山賊などを攻め滅ぼしました。その結果、アケメネス朝ペルシアでは、農民たちの暮らしが安定していたといわれます。

## エジプトへの航路を探せ

ダレイオス1世は国内の体制を整えながら、中央アジア方面へと進出します。手はじめにイラン高原東部のアラコンシア地方で起こった反乱を鎮圧すると、さらに軍隊を進めて現在のアフガニスタンを支配下に収めます。その後は南下して、ガンダーラ地方やパンジャブ地方を領土としました。

また、ダレイオス1世はインダス川の上流域で船をつくり、ギリシア人に「インダス

## アケメネス朝ペルシアの最大版図

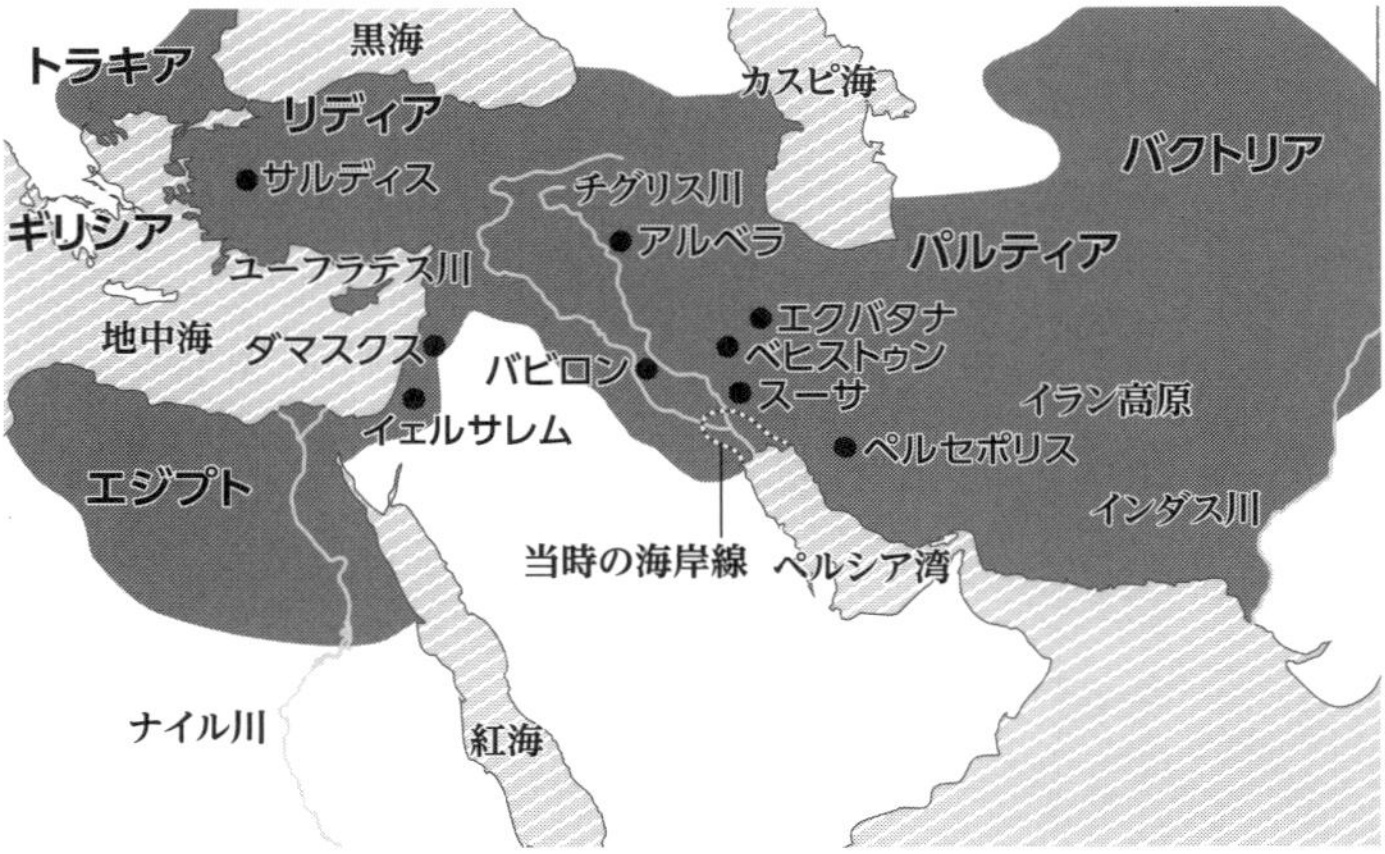


川を下って海に出て、エジプトへの航路を探せ」と命じました。ギリシア人は2年半もかけて、インド洋から紅海《こうかい》を経由し、エジプトにいたる航海を成功させます。
ダレイオスは、エジプトのファラオ(王)であったネコ2世が行っていた運河の工事を引き継ぎ、地中海からナイル川をさかのぼり、紅海へとつながる運河を開きました。こうして、地中海と紅海がつながったのです。
紅海沿いに領土を広げたダレイオス1世は、西のリビア方面へと軍を進め、さらに領土を拡大します。ところが、ダレイオス1世はエジプトから派遣された軍の司令官を処刑しています。理由は、この司令官がダリック金貨よりも純度の高い金貨をつくり、みずから権力をにぎろうとしていたからでした。

## ペルシア戦争が勃発

その後、ダレイオス1世は、現在のバルカン半島にあった都市国家トラキアに入りました。この地で勢力をほこるスキタイ人を討伐《とうばつ》するためとか、ギリシア人と黒海方面との貿易を邪魔するためとか、その先のウラル山脈にあった金鉱山を手に入れるためとか、さまざまな理由がいわれていますが、真相は不明です。

結局、トラキアでスキタイ人の抵抗にあって軍を維持するのがむずかしくなり、東欧方面への遠征は中止となりました。

紀元前500年代になると、アケメネス朝ペルシアはトラキア地方を支配するようになります。トラキア地方のギリシア人に助けを求められたアテネとスパルタは、トラキア地方に兵を送りました。

そして紀元前499年、イオニア地方でギリシア人の反乱が起こりました。ダレイオス1世は紀元前494年にイオニア地方での反乱をしずめ、2年後に報復としてギリシアに兵を送ります。ところが、暴風雨のために撤退を余儀なくされました。

さらに2年後の紀元前490年、ダレイオス1世は600隻《せき》の軍艦を送り、マラトンでアテネ軍と戦いました。これら一連の戦いをペルシア戦争といいます。結局、アケメネス朝ペルシア軍は戦いに敗れて撤退しました。

## アテネはもぬけの殻

マラトンで敗れたダレイオス1世は、みずから出陣しようとしますが、紀元前486年に急死しました。子のクセルクセス1世は戦争を継続し、紀元前480年に大軍を率いてギリシアへ向かいました。

クセルクセス1世は、ギリシア中東部マリアコス湾の南にあるテルモピレーで、スパルタ王レオニダスの率いる軍を破り、アテネに入ります。

ところがアテネはもぬけの殻で市民はすでに退去しており、海上で戦う準備を進めていたのです。クセルクセス1世は、サラミス島の近海でアテネに大敗します（サラミスの海戦)。その後もアケメネス朝ペルシアとアテネやスパルタは領土をめぐって戦いを続け、紀元前449年にようやく講和条約が結ばれました。

ただ、ペルシア人とギリシア人の商人たちは友好関係にあり、戦争期間中も商業活動はさかんに行われていました。

## ペルシア戦争のあと、どうなった？

その後、アケメネス朝ペルシアでは後継者問題が起こりますが、ギリシアでアテネとスパルタの対立がはげしくなったため、ペルシアにとってギリシアは大きな脅威になりませんでした。

紀元前423年に即位したダレイオス2世は、母親や妻がバビロニア人でした。そのため、ペルシア人の血統を重視する有力者が不満をつのらせました。また、庶民も税の取り立てがきびしいために生活が苦しくなっていきます。

紀元前404年にダレイオス2世が病死すると、アルタクセルクセス2世が即位しますが、弟のキュロスが反乱を起こしました。ギリシア人の傭兵をふくむ4万の反乱軍は、紀元前401年にバビロンに迫り、アルタクセルクセス2世に傷を負わせます。反乱は成功したかに見えましたが、このタイミングでキュロスは急死しました。難を逃れたアルタクセルクセス2世は、その後45年にわたる在位期間を平和にすごしました。

紀元前359年、アルタクセルクセス2世が死去すると、三男がアルタクセルクセス3世として即位します。紀元前343年にエジプトに軍を送って再征服しましたが、直後に暗殺され、後を継いだアルセスも殺されました。

そして紀元前336年、ダレイオス2世の曽孫がダレイオス3世として即位します。

## ペルシア帝国の滅亡

ペルシアでダレイオス3世が王位についたころ、ギリシアの北にあるマケドニアでアレクサンドロスが即位しました。マケドニア人は、アテネやスパルタと同じギリシア人を祖にもちながら好戦的な性格で、アレクサンドロスの父は、紀元前338年のケーロネーアの戦いでアテネ・テーバイの連合軍を破り、ギリシア各地のポリス（都市国家）を服属させました。ところが2年後に暗殺され、アレクサンドロスが地位を継ぎました。

紀元前334年、ダーダネルス海峡を渡ったアレクサンドロスの軍は、ペルシア軍をグラニコス河畔《かはん》で破りました。アレクサンドロスは小アジア西海岸の諸ポリスを制圧しながら南下します。

翌年、ダレイオス3世は60万ともいわれる大軍を率いて小アジア半島南東部のイッソスでアレクサンドロスの軍と戦い、敗れました。勢いに乗るアレクサンドロスの軍は、地中海東海岸の諸都市を制圧し、エジプトに入ってアレクサンドリアという都市を建設しました。

紀元前331年、アルベラ（ガウガメラ）の戦いでアケメネス朝ペルシア軍を破り、全ペルシアを併合しました。翌年、アレクサンドロスはペルセポリスを破壊し、ダレイオス3世は部下に殺されました。

こうして、アケメネス朝ペルシアは滅亡したのです。

## そのころ、日本では？

紀元前４世紀は、日本では弥生時代にあたります。九州から東日本にかけて稲作が行われており、人びとは村をつくって生活していました。豊作を祈る祭りも行われていたとされています。佐賀県にある吉野ヶ里《よしのがり》遺跡は、この時期に形成された環濠集落《かんごうしゅうらく》です。

ひみつコラム

# 長い歴史を刻む世界遺産

## 砂漠からイランの原点とされる町、地下水路まで

２０２４年現在、イランで全28件が世界遺産に登録されています。その内訳は、自然遺産が２件、文化遺産が26件です。

自然遺産であるルート砂漠は、イラン南東部にあり、地球の歴史の足跡をよく残しているという理由で認定されました。

文化遺産としてとくに名高いのは、イラン南西部フーゼスターン州の「スーサ」です。紀元前13世紀ごろ、エラム王国がバビロニアと戦ったとき、その戦利品として持ち帰られたハムラビ法典が見つかった場所です。13世紀にモンゴル帝国が占領して以後はすたれてしまいますが、エラムやメディア、さらにはアケメネス朝ペルシアやササン朝ペルシアにおいても、この都市は重要視されていたことから、ペルシア＝イランの原点と呼べる町です。

カナートのしくみ（断面図）

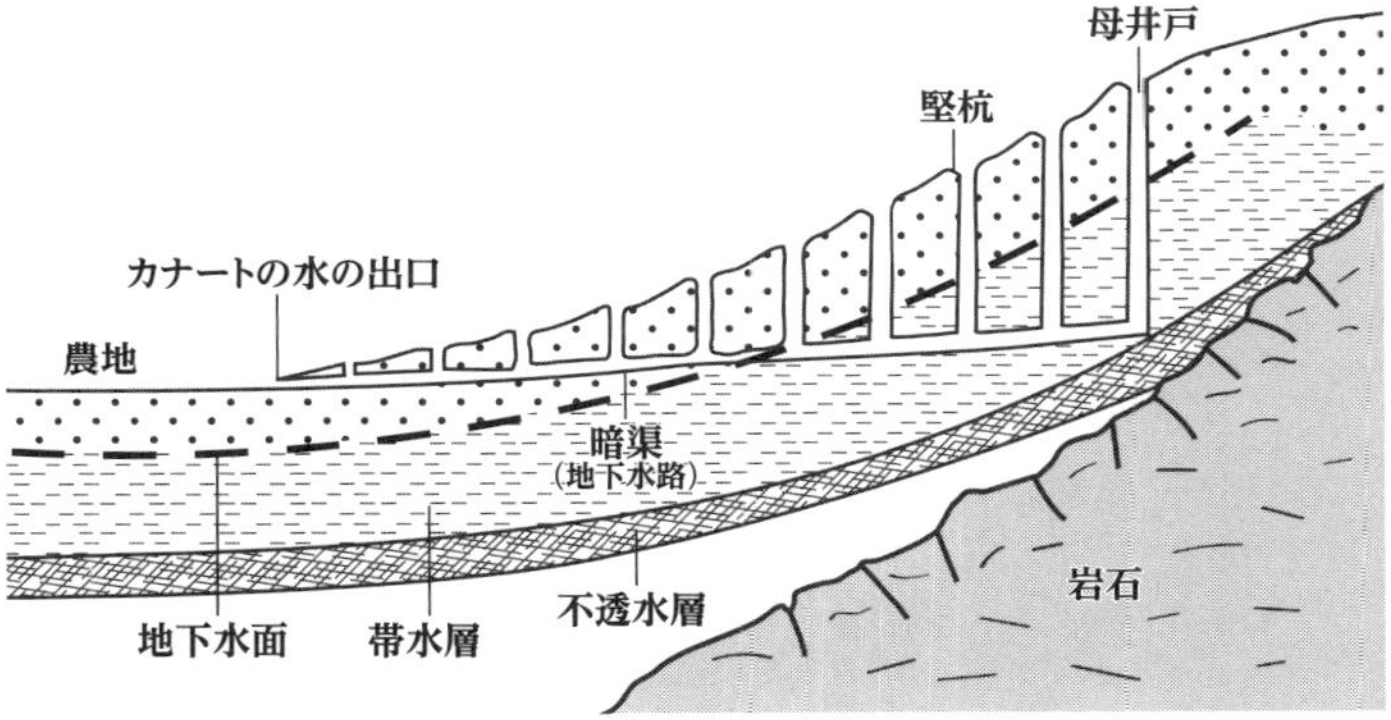


イラン南部ファールス州のアケメネス朝ペルシアの都だった「ペルセポリス」には、巨大な宮殿の跡が残っています。ありし日の栄光を物語るこの廃墟は、現在も政府によって保護され、多くの観光客が訪れています。
また、かつてのイランにおける生活が垣間見える文化遺産として、「カナート」と呼ばれる人工の地下水道があります。乾燥地帯であるイランでは、日々の生活や農業生産において、水の確保が重要となります。紀元前の人びとは、水源から居住地まで地下にトンネルを掘って水を引いていました。とくにイラン中央部ヤズド州にあるカナートは、全長80キロにおよぶ長さをほこり、当時の土木技術の高さがうかがえます。

知れば知るほどおもしろいイランの偉人❶

古代イランで発祥した宗教の開祖

## ゾロアスター

زرتشت

（紀元前７世紀～紀元前６世紀？）

### 有力者に保護され布教につとめる

「よき行い」を実践し、「よからぬ行い」をつつしむよう人びとに説いたゾロアスターの生涯は、謎に包まれています。伝承によると、アゼルバイジャン地方あるいは中央アジアからイラン東部のどこかで神官ポルシュ・アスパ・スピターマの子として生まれたとされています。

神官になる教育を受けて20歳のころに神官になりました。やがて伝統の宗教に反旗をひるがえして神官たちと対立し、各地を放浪したとされます。30歳のころに神の啓示を受けて新しい宗教を立ち上げ、42歳のとき、有力者カウイ・ウィシュタースパの保護を受けて、以後、布教につとめました。その後結婚し、宮廷内での影響力を持ったといわれます。最期は、敵対する部族に殺されたという説があります。

ゾロアスター教はアケメネス朝やササン朝で信仰され、現在もイランの伝統宗教として残っています。

chapter 2

# パルティアの時代

## ディアドコイ戦争

中央アジアから北西インドまでに広がっていたペルシア帝国を征服したアレクサンドロスは、新たな領地を円滑に支配するために、ペルシア人と協力していくことにしました。各地にアレクサンドリアという都市を建設し、ペルシア人やギリシア人などが共存し、民族の血が混ざりあうように仕向けたともいわれます。

こうした政策が進められていくうちに、ギリシア人とマケドニア人が対立しはじめました。アレクサンドリアの長官に任命されたギリシア人が権力をにぎり、支配される立場になったマケドニア人の不満が大きくなったのです。

ところが、紀元前323年、アレクサンドロスは問題を解決できないまま、バビロンで病死しました。

アレクサンドロスが後継者（ディアドコイ）を決めずに死去したため、各地の有力者は次々と「自分が王である」と宣言しました。王たちは、ときに交渉し、ときに戦いながら、それぞれの支配地を確保していきました。

そんな王たちのなかで、マケドニアの将軍アンティゴノスが大きな権力を手にします。アンティゴノスは、アナトリアから、シリア、パレスチナ（現在のイスラエル）を支配しており、東方に位置する現在のイランも支配下に入れました。

紀元前306年、アンティゴノスはマケドニア王を宣言し、アンティゴノス朝が成立します。これに対抗して、紀元前305年ごろにプトレマイオスも「王」を宣言しました。プトレマイオスはエジプトを支配しました。

同じころ、アンティゴノスによってバビロンを追われていたセレウコスも勢力を回復してバビロンに戻り、セレウコス1世を名乗りました。ここから、イラン高原の支配者はセレウコス朝シリアとなります。

紀元前301年、プトレマイオスとセレウコスが連合し、アンティゴノスとアナトリア中部のイプソスで戦いました。

この戦いでアンティゴノスが戦死すると、以後はプトレマイオス朝エジプトと、セレウコス朝シリア、アンティゴノス朝マケドニアの3つの大国が並び立つ時代になりました。なお、この三大国のほか、アレクサンドロスの側近だったリュシマコスがアナトリ

## イプソスの戦い後の勢力図

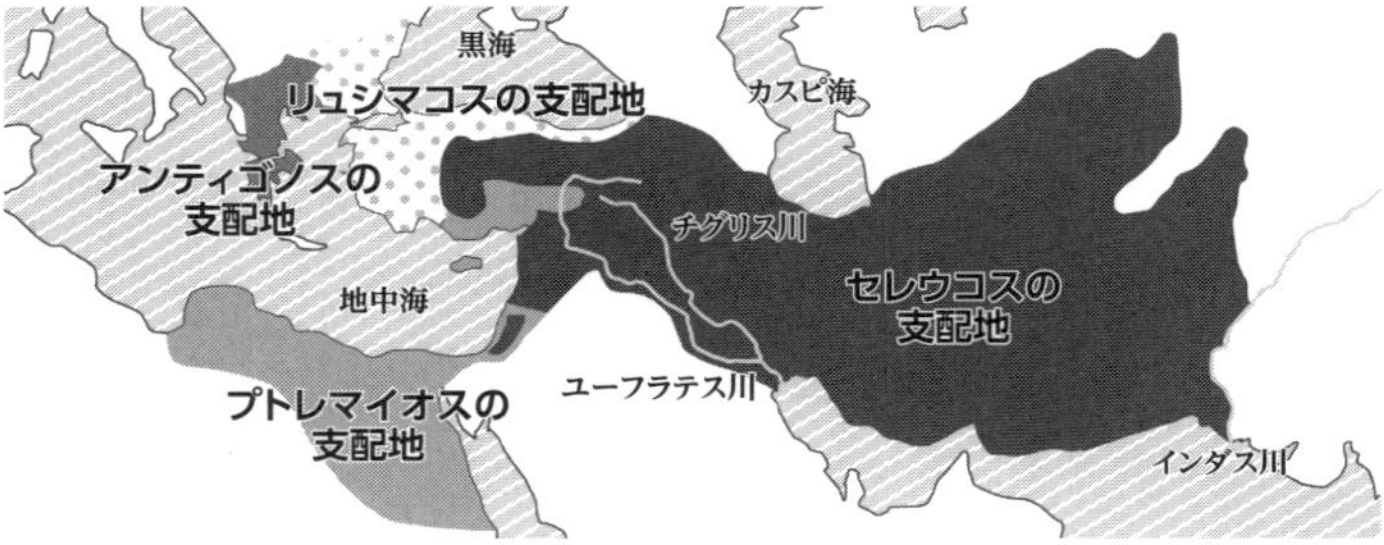


アを支配していましたが、紀元前２８１年にセレウコスと戦って敗れました。
紀元前３２３年から２８１年まで約40年間続いた、アレクサンドロスの後継者争いをディアドコイ戦争といいます。

## 民族間の対立がなかったセレウコス朝

では、ここからイラン高原を支配したセレウコス朝シリアについて、くわしくみていきましょう。

紀元前３００年代の末、セレウコス1世はチグリス川の河畔に自分の名にちなむセレウキアという都市をつくりました。さらに紀元前３００年、オロンテス川の河畔に自分の父の名にちなむ、アンティオキアという都市をつくりました。

アレクサンドロスの領土の東半分を継承したセレウコス朝シリアは、東は現在のイランの半分程度まで、西はアナトリア半島の南部、北はコーカサス地方を支配しました。広い領土の中には多くの民族がいましたが、奇跡的に対立が生じることなく、マケドニア人のセレウコスが支配者として君臨することができました。

セレウコス朝は、国土の真ん中に位置するセレウキアを中心に、東アジアの絹やインドの香料、アラビアの宝石などの貿易で経済基盤を固めます。それぞれの都市では裕福な商人たちや官僚、軍人などが権力を手にして、人口は60万に達しました。

## ローマが侵入

セレウコス朝シリアは、紀元前200年代後半のアンティオコス3世の時代に、最盛期を迎えます。東方のパルティア（現在のイラン）や、インド、バクトリア（現在のアフガニスタン）などと友好関係にあり、プトレマイオス朝エジプトとは、シリアの南部の領土をめぐって争いました。さらにエーゲ海にも支配域を広げて、ローマと対立するようになります。

紀元前189年、アンティオコス3世はローマの将軍スキピオと戦い、ペルガモンやロードス島だけでなく、アナトリア南部の領土を失いました。

後を継いだアンティオコス4世は、紀元前168年にエジプトと戦って勝利するも、ローマの勢力に抵抗できなくなります。彼が紀元前163年に死去すると国力はさらに低下し、ローマの監督下に置かれることになりました。

ローマの監督下に入って以降、セレウコス朝シリアでは国内の有力者が反乱を起こすようになり、勢力が衰えていきました。

## パルティア人、独立

続いて、現在のイラン国土の東半分についてみていきましょう。

この地域では、紀元前600年代より、遊牧民サカ人の一部族が住み着いていました。アケメネス朝ペルシア時代には「パルサワ」と呼ばれ、東にあるソグディアナ地域（アム川とシル川の上流域）と合わせてひとつのサトラペイアでした。

紀元前250年ごろ、サトラップのアンドラゴラスが独立して、パルティアを支配し

紀元前240年ごろの西アジア

ます。その後、軍人のアルサケスがアンドラゴラスを破ってパルティアを支配し、パルティア王国が成立したとされます。
紀元前230年ごろ、セレウコス2世が攻め込んできますが、アルサケスは撃退に成功し、パルティア王国はアルサケスの一族を中心に、イラン北部で勢力を広げていきました。
遊牧民の伝統をもつパルティア王国は軍事に重きを置きました。王の権限は強大で、その財源は領地から取り立てる税です。ただし、中央集権のしくみにはなっておらず、各地の有力貴族（大領主）は、王の支配を受けることはありませんでした。

いざ戦争になると、各地の有力者は財力に応じて兵を集め、王のもとに集まりました。パルティア軍は騎馬が中心で機動力が高く、馬上からうしろ向きに矢を射る特殊な戦法を得意として、セレウコス朝シリアやローマの軍との戦いで領土を守り抜きました。

また、アケメネス朝時代に開かれた道がそのまま残っていたため、商業活動がさかんになりました。

## ミトリダテス1世が領土を拡大

紀元前171年に即位したパルティア王国のミトリダテス1世は、前148年にイラン高原北西部のメディアを滅ぼし、領土を広げます。

紀元前141年には、セレウコス朝シリアの首都だったセレウキアに入り、セレウコス朝シリアのデメトリウス2世を捕虜《ほりょ》として友好関係を結びました。その後、東隣のバクトリアとも友好関係を結びました。

ミトリダテス1世は貨幣をつくって国内で流通させたことから、イランの実質的な建国者であるともいわれます。

ミトリダテス１世の死後もパルティアは領土を広げ、紀元前１００年ごろにアルメニアも支配下に入れました。紀元前94年には、ローマと交渉し、国境がユーフラテス川と定められました。以後もパルティア王国はローマを警戒しつづけ、チグリス川の中流にクテシフォンという都市をつくりました。

紀元前64年にセレウコス朝シリアがローマの監督下に置かれると、パルティア王国は西アジア一帯を支配する大国となりました。

## パルティアが大混乱

紀元前38年、パルティア王国でフラワテース4世が父親を殺して即位します。当時、国内で

は有力な将軍が力をつけており、王の地位は安定していませんでした。

フラワテース4世は王位を狙う兄弟を殺し、彼らを支持した有力者を追放します。追放された者たちはローマを頼りました。ローマは、シリア方面で失っていた土地を取り戻すためにパルティア王国に攻め込みました。

こうしてローマの侵攻を食い止めたフラワテース4世でしたが、紀元前30年ごろにティリダテス2世に敗れると、王位をいったん捨てて逃亡しました。その後、フラワテース4世は、イラン系の遊牧民のスキタイ人の支援を得て、ティリダテス2世を倒して復位しました。

パルティアでこのような混乱が続いていた紀元前27年、ローマではアウグストゥスが即位して、帝政（ドミナトゥス）がはじまりました。以後、ローマ帝国とパルティア王

## そのころ、日本では？

紀元前1世紀ごろの日本の様子は、古代中国の『漢書』地理志に記されています。それによると、当時の日本は「倭《わ》」と呼ばれており、100あまりの小国が分立していました。漢王朝の領土である朝鮮半島の楽浪郡《らくろうぐん》に使者を送る国もあったとされています。

国は友好関係を結びました。

## 王が妻に殺された

紀元前2年、パルティア王国でフラワテース4世が妻のテア・ムサに暗殺されるという事件が起こります。テア・ムサは、子のフラワテース5世を即位させ、親子はのちに結婚しました。

しかし、フラワテース5世も紀元後4年に突然失脚しました。原因はわかっていません。このあと、貴族たちは王族のオローデス3世を即位させますが、彼は狂暴で、治世4年目に殺されています。

続いて貴族たちはローマに使いを出し、ローマにいたフラワテース4世の長男を呼び戻して即位させます（ヴォノネース1世）。ところが、ローマで育ったヴォノネース1世はパルティア人に嫌われ、間もなく退位させられました。

12年、アルサケス家の血を引くアルタヴァーヌス3世が、新たにパルティア王として迎えられました。そしてヴォノネース1世は、アルメニアからシリアへと逃亡します。

## アルメニアをめぐる交渉

アルタヴァーヌス3世は、息子のオローデスをアルメニア王に据えようとローマに話をもちかけました。ところが、アウグストゥスの後を継いでローマ皇帝となったティベリウスは、自分の子をアルメニア王にしようと考えていたため、それを拒否しました。

権限を強化したアルタヴァーヌス3世は貴族に嫌われ、一時的に王位をはく奪されます。ただ、代わりにローマから呼ばれたフラワテース4世の子たちも評判が悪く、アルタヴァーヌス3世は復位し、ほどなくして死去しました。

その後、アルタヴァーヌス3世の子とフラワテース4世の孫が王位をめぐって対立を続けます。そして51年、メディア王の子であるヴォロゲセース1世がパルティア王に即位して決着しました。

ヴォロゲセース1世は、弟のティリダテスをアルメニア王に就けるために、アルメニアで内乱を起こさせます。これに対してローマ皇帝ネロは、アルメニアを直接統治すべく、パルティア王国と交渉しました。

紀元前150年ごろの西アジア

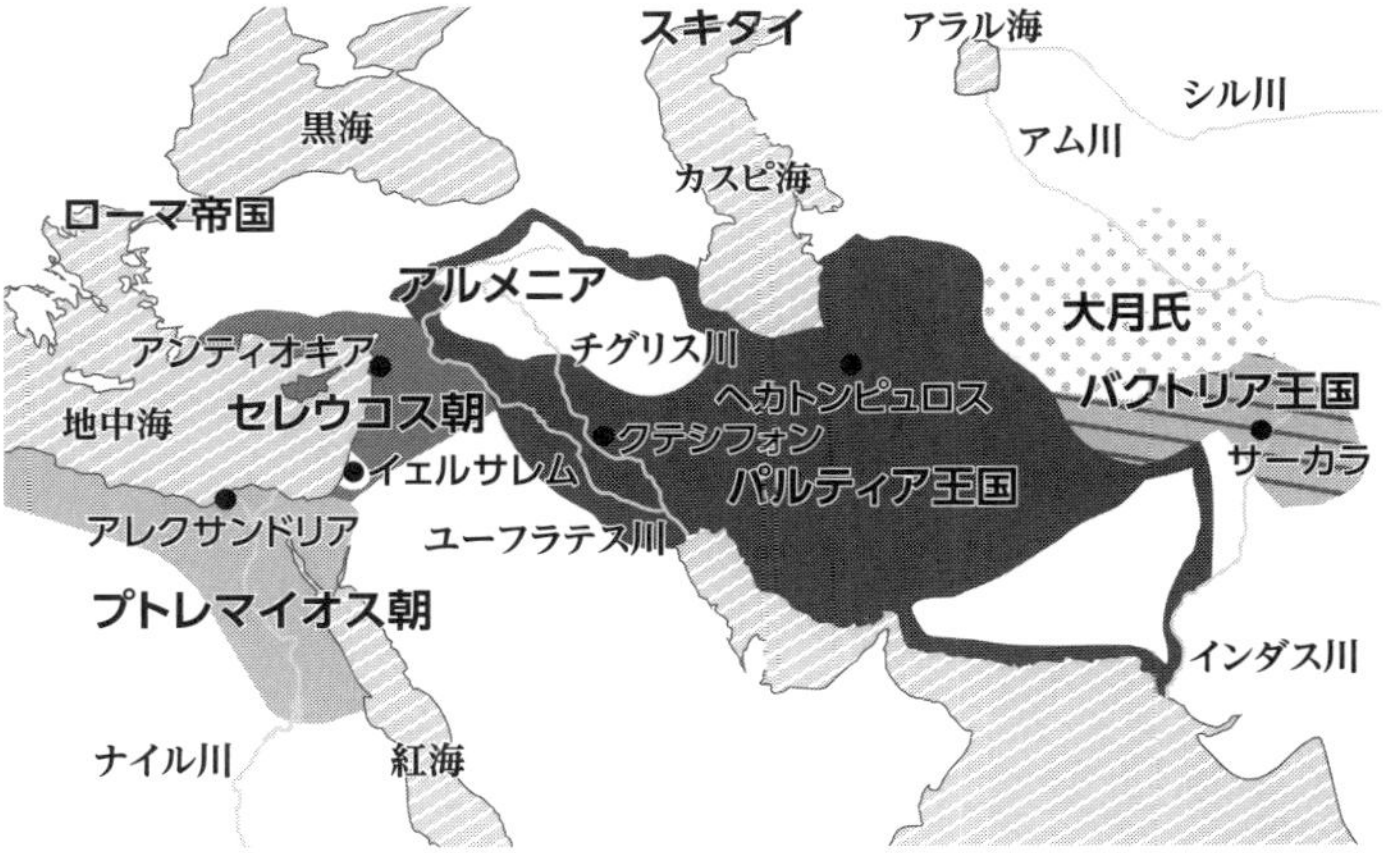


その結果、63年に講和条約が結ばれ、アルメニアはネロの許しを得たティリダテスが支配することになりました。以後、パルティア王国とローマ帝国の国境は、ユーフラテス川と定められました。

## バクトリア王国とは？

続いて、セレウコス朝の東にあったバクトリア地方についてみていきます。

紀元前２４７年ごろ、この地のギリシア人が独立してバクトリア王国ができました。

バクトリア王国は紀元前１５０年から１３０年ごろに最盛期を迎え、ソグディアナ地方から南のアフガニスタン、さらにインド北西部まで領土を拡大しました。

ただし、バクトリア王国は有力者が各地に存在したため、王を中心にした体制はとられませんでした。バクトリアでは複数の異なる貨幣が見つかっており、各地の有力者が君主のようにふるまっていたことがわかります。

紀元前130年ごろに中央アジアの大月氏《だいげつし》が南下してくると、支配層のギリシア人が少なかったこともありバクトリア王国は抵抗できず、滅亡しました。

大月氏はパミール高原西方（西トルキスタン）にいた遊牧民で、モンゴル高原から移住してきたといわれています。

## ローマとの戦い

パルティアでは80年にヴォロゲセース1世が死去して以後、147年までの約70年間に、バコーレース2世、アルタヴァーヌス4世、オローセース1世、ヴォロゲセース2世、ミスラダーテス4世が王となりました。

これらの王たちは同じ年に貨幣を鋳造《ちゅうぞう》しているため、対立があったとみられます。

このようにパルティア王国が混乱していた114年、ローマ皇帝トラヤヌスが、アルメニアでの国境紛争を口実に攻め込んできました。

トラヤヌスは各地で財宝を奪ったものの、本人が体調を崩したために撤退しています。

この間、パルティア王国の西部を支配してパルティア王を名乗ったオローセース1世は、122年にローマ帝国と和平条約を結び、国境はもとのユーフラテス川に戻され、トラヤヌスが奪った財宝も返還されました。

パルティア王国の混乱を収めたヴォロゲセース4世の時代には、ふたたびローマとの戦いが激化します。165年には、首都クテシフォンがローマ軍に占領されました。

この戦いの際、黒死病（天然痘という説もあります）が流行し、両軍ともに大きな被害を受けました。

## そのころ、日本では？

２世紀の初めは、弥生時代の後期にあたります。日本では鉄の生産がさかんになり、石器に替わって鉄器が広まりはじめました。なお、107年には倭王の帥升《すいしょう》が後漢に使者を送り、生口《せいこう》（奴隷とされています）160人を献上したと伝えられています。

病気が流行したのは、パルティア王国が東西交流の中心地であったからとみられます。パルティアやローマの商人たちは、有力者に保護されながら、中国の絹やインドの香料などと金とを取引しており、目に見えない病原菌を運んでいたのです。

## 衰えていくパルティア

190年にヴォロゲセース5世が即位すると、パルティア王国とローマ帝国はふたたび対立します。ローマ帝国で皇帝が暗殺されて後継争いが起こり、ヴォロゲセース5世はこれに乗じて攻め込みました。

ところがローマ帝国の混乱が収まると逆襲され、195年ごろにはローマ軍によってセレウキアやクテシフォンが占領されました。このときは、パルティアの軍事拠点ハトラでローマ軍の攻撃をしのぎ、撤退させています。

206年、ヴォロゲセース5世が死去すると、子のヴォロゲセース6世とアルタヴァーヌス5世の兄弟が後継争いをはじめ、ローマ皇帝カラカラが介入しました。翌年、カラカラはヴォロゲセース6世を王としますが、自分の娘をアルタヴァーヌス5世と結婚させ「後に王位に就ける」という約束をしました。そして213年にアルタヴァーヌス5世が即位します。

216年、カラカラはクテシフォンで結婚を祝うパーティーを開き、多くのパルティア人貴族を殺害します。アルタヴァーヌス5世は難を逃れました。その翌年、カラカラが部下に暗殺されます。

アルタヴァーヌス5世はこれを機にローマを攻め、新たにローマ皇帝となったマクリーヌスの軍を破り、ユーフラテス川の国境を回復して賠償金を得ました。

その後も、パルティア王国では王位をめぐる対立が続き、国力は衰えていきました。

知れば知るほどおもしろいイランの偉人❷

アレクサンドロス大王の妻となったペルシア人

# ロクサネ

Ρωξάνη

（紀元前 343 〜紀元前 310 年ごろ）

## 夫の後継者争いに巻き込まれ毒殺される

ソグディアナ地方の有力者オクシュアルテスの娘として生まれたロクサネは、16歳のときにアレクサンドロス大王と結婚しました。

当時アレクサンドロス大王はアケメネス朝ペルシアを滅ぼしたあと、ソグディアナ地方を制圧したばかりでした。この地方の有力者たちと和解する意味もあり、ロクサネと結婚したといわれています。ロクサネはアレクサンドロス大王に愛され、紀元前326年にはインド方面の遠征に同行しました。

紀元前323年に夫が急死し、その直後にロクサネはアレクサンドロス４世を出産します。すると、自分よりあとに夫に嫁いだスタテイラとパリュサティスを殺し、アレクサンドロス４世とともにマケドニアに移りました。ところが紀元前310年、マケドニア王の地位を狙うカッサンドロスによって、子とともに毒殺されました。

chapter 3

# サザン朝ペルシア帝国

## ササン朝ペルシアの成立

パルティア王国が衰退するなか、ファールス地方で力をつけたササン家が勢力を拡大していました。ササン家のルーツはよくわかっていませんが、ファールス地方の有力者であり、ゾロアスター教の聖職者であったとされています。

224年、ササン家のアルダシールはアルダシール1世として即位し、イスファハーン北方のホルミズダガーンでアルタヴァーヌス5世を破りました。アルタヴァーヌス5世はここで殺され、ヴォロゲセース6世も王の地位を追われました。

旧パルティアの貴族はその後も抵抗しますが、アルダシール1世はこれを次々に打ち破り、226年にパルティアの都クテシフォンに入ります。こうしてパルティアは滅亡し、ササン朝ペルシアが正式に成立しました。

アルダシール1世はアルメニアも支配下とし、230年ごろにはメソポタミアも併合します。さらにシリアやアナトリア半島の東南部、カッパドキアにも進出して、ローマ帝国と対立するようになりました。

## われわれには正統性がある

新しい王朝の支配者は、みずからの行動が正しいことや、王朝そのものの正統性を示そうとします。ササン朝も例外ではありません。

アルダシール1世は、約450年前にアレクサンドロス大王によって滅ぼされたアケメネス朝ペルシアを参考にしました。旧パルティアがイラン人国家でありながらギリシア語を使い、ギリシア文化の影響を受けていたのに対して、ササン朝はペルシア語を復活させることで、正統性を示そうとしたのです。アルダシール1世は征服地に新たな都市をつくり、「アルダシールの栄光」や「アルダシールの勝利」といった名前をつけました。

「アルダシール」は、アケメネス朝時代の王である「アル

**そのころ、日本では？**

古代中国の『魏書《ぎしょ》』東夷伝《とういでん》によると、239年に倭国（日本）の女王卑弥呼《ひみこ》が魏に使者を送り、奴隷をはじめとする多くの品物を献上しました。翌年、魏の使者が倭国を訪れ、「親魏倭王」の金印や銅鏡100枚を授けました。その後も数回のやりとりが記録されています。

タクセルクセス」と同じ意味で、アケメネス朝の伝統を引き継いでいることを示す意図がありました。

アルダシール1世は、パルティア王国と戦っていたころからこれを意識しており、アルタヴァーヌス5世を破ったあと、アケメネス朝以来の伝統である「王の王」を名乗ったのです。

建国後、ゾロアスター教の神官でもあったアルダシール1世は、アケメネス朝の時代に国教とされたゾロアスター教を、ササン朝の国教としました。イランで長い歴史をもつ宗教が国教になったことで、イラン人はササン朝ペルシアがイラン人の国であることを意識するようになっていきました。

勢力を拡大するアルダシール1世に対し、北西部のアルメニアとジョージア（グルジア）地方の部族はローマ帝国などに支援を要請します。アルダシール1世は、苦戦しながらもこれを破り、ユーフラテス川までを完全に支配下に入れました。

240年ごろ、アルダシール1世は当時ローマ帝国の支配下にあった都市ハトラを攻め、そのさなかに死去しますが、子のシャープール1世がそのままハトラを攻略しまし

## シャプール1世のころのササン朝ペルシア

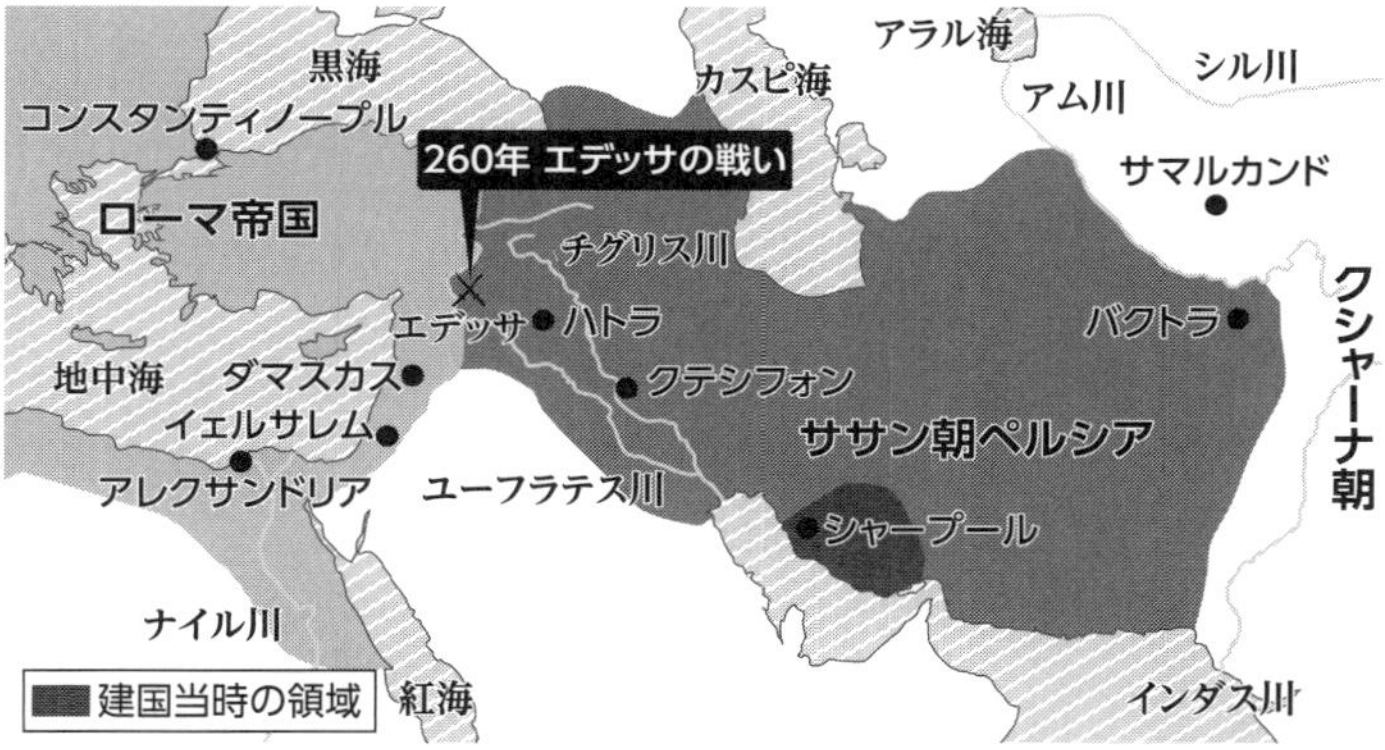


た。この時期のササン朝の勢いは、ローマ帝国を圧倒していました。

## 「王の王」シャープール1世

アルダシール1世の後を継いだシャープール1世は、イラン人と非イラン人を支配する「王の王」であることを宣言します。

ここから、ササン朝ペルシアという国は、王とその一族、さらにそれを支える有力者や軍の指揮官らによる会議を中心に運営されるようになりました。

シャープール1世は、北西部やシリア、アルメニアをめぐってローマ帝国と戦い、260年にはエデッサでの戦いでローマ皇帝ヴァレリアヌスを捕らえます。このときシャープール1世は、自分の前にローマ皇帝がひざまずく彫刻と、ササン朝の支配領域を示す碑をつくらせました。

その碑によると、東はホラサン（現在のイラン北東部とその周辺）からスィスターン（現在のイラン南東部とその周辺）、北はアルメニアからコーカサス、西はアンティオキア（現在のトルコ南部）からアナトリアの一部を支配したとあります。

## 70年も君臨したシャープール2世

シャープール1世が272年ごろに死去すると、ササン朝ではその子たちが後を継ぎますが、しばらく短命の王が続きました。そして293年、シャープール1世の第4子であったナルセスが即位します。

ナルセスは297年にローマ帝国と戦って敗れ、アルメニア地方を失いました。翌年に講和条約が結ばれ、ササン朝はアルメニアをローマ帝国に譲る代わりに、2年前にローマに占領されたクテシフォンを取り戻します。以後、ササン朝とローマ帝国の対立は一時的に収まりました。

302年、ナルセスが死去して子のホルミズド2世が即位します。このホルミズド2世の後継をめぐって貴族がはげしく対立した結果、シャープール2世が309年に即位しました。

生まれてすぐ即位したシャープール2世は、中央アジアからアフガニスタン地方にあったクシャーナ朝が衰退すると、東へと領土を拡大します。さらに、ローマ帝国と戦って得た捕虜や中央アジアから南下してきたフン族を使って辺境の地に砦《とりで》をつくり、そこを守らせせました。

こうして、シャープール2世は、貴族や軍人を駆使して70年あまりイランの王として君臨したのです。

## 王と貴族による国家体制

ササン朝ペルシアの政治は、頂点に立つ王と、それを補

佐する貴族、そしてゾロアスター教の聖職者が中心でした。「王の王」に次いで高位あるのは、「シャーフルダーラーン（諸王）」と呼ばれる貴族でした。シャーフルダーラーンは、アルメニアなど、クテシフォンから遠く離れた場所を統治しました。

シャーフルダーラーンと並ぶ高位の貴族は「ヴィスプフル」と呼ばれました。彼らは「王の王」の一族で、軍の総司令官や騎兵の大将などの役職が与えられました。ただし、実際に軍の指揮をとるのは王との姻戚関係などがない軍人たちで、ヴィスプフルの任務は国境地帯の警備や有力者の監視でした。

軍人たちは、功績によって「ヴァスプルフラーン（大貴族）」や「アーザーダーン（小貴族）」という称号を与えられました。

## ササン朝の軍事体制

シャープール2世の死後、5世紀のなかばまで、ササン朝では王位をめぐる混乱がありました。同時に、東方から遊牧民のエフタルが侵入して苦しめられます。

459年に即位したペーローズ1世は、エフタルと戦いながら東ローマ帝国とも対立します。ただ、東ローマ帝国と西ローマ帝国の対立がはげしくなると、ササン朝の軍事的な負担は軽くなっていきました。

481年、ペーローズ1世はエフタルに敗れ、子のカワードを人質として差し出しました。その3年後、ペーローズ1世はふたたびエフタルと戦って戦死したとされています。その後は、子のカワード1世がエフタルの支援を受けて即位しました。

カワード1世の子であるホスロー1世の時代、ササン朝ペルシアでは軍事体制が強化されます。領土は4分割され、4人の司令官がそれぞれの地で防衛や治安の維持にあたりました。

戦争で軍の指揮官となったのは、貴族たちです。もともと遊牧民であるイラン人は乗馬したまま弓を射るのが得意

## そのころ、日本では？

ホスロー1世の治世のころ、日本は欽明天皇《きんめいてんのう》の時代でした。6世紀なかばに朝鮮半島の百済《くだら》から仏教が伝来しています。仏教を受け入れるかどうかをめぐり、蘇我氏《そがし》と物部氏《もののべし》が対立しました。この対立は欽明天皇の死後も続き、やがて軍事闘争へと発展します。

で、東ローマ帝国の騎兵を圧倒しました。ただ、西や北では国境の向こうに敵がおり、常に戦う必要がありました。指揮官はいくつかの階級に分けられ、特別の功績がない限りはその階級での職務をまっとうしました。

貴族の下には軍人がおり、戦争になると領地の農民を率いて戦いました。ふだんは領地を管理して農民から税を取り立てていました。

軍の最下層にいる農民たちは、給与や報酬などがなく雑用係としても使われました。そのため、脱走する兵も多かったようです。なお、都市で暮らす市民は、税を取られるものの兵として戦争に駆り出されることはなかったようです。

## 理想的な君主

50年近く王として君臨したホスロー1世は、公明正大で理想的な君主といわれました。じつは即位にあたって兄との争いがあり、また即位に反対したマズダク教徒を徹底的に弾圧しています。ホスロー1世を高く評価したのは、ゾロアスター教徒でした。

ホスロー1世は、長きにわたる混乱の原因になっていた貴族たちを抑え、中央集権化を進め、とくに国家の基盤である税制を改革しました。

それまでササン朝の制度では、農作物の収穫量をもとにした収入によって税を納めることになっていましたが、ホスロー1世は、収穫量に関係なく定額を納める制度に切り替えました。

そのため、貴族たちは相続のたびに所有地が細分化され、貧しくなっていました。軍事行動をする際にも武具や馬を調達できなくなってしまったため、ホスロー1世は武具や馬などを支給し、さらに軍役期間中に給料を払って、貴族たちの生活を安定させました。

## エフタルをやっつけろ

ホスロー1世が即位した当時のササン朝は財政状況がきびしく、コーカサス地方から南下してくる異民族を防ぐのに必死でした。しかし、東ローマ帝国が西ローマ帝国との戦いで余裕がなくなっている状況を利用して、561年に東ローマ帝国と50年間の和平条約を結びました。

東ローマ帝国による侵攻の脅威がなくなったササン朝は、東方のエフタルの問題の解決に注力しました。

このころ、モンゴル高原から突厥《とっけつ》という騎馬民族が、エフタルの支配地域に侵入しはじめます。ササン朝は突厥と協力してエフタルを攻め、563年ごろに滅ぼしました。

こうして対外関係は安定し、ササン朝の国家体制は盤石となったのです。

## ササン朝時代の文化

国内外が安定したホスロー1世の時代、ササン朝では学術・文化が発展しました。

そのころ、東ローマ帝国では、皇帝ユスティニアヌスが非キリスト教的学問を禁止しました。ホスロー1世は東ローマ帝国から追放された多くの学者を保護して、スーサに近いグンデシャープールに学術研究機関を設置します。そこでは、古代ギリシアの学問やインドのサンスクリット哲学などの教育が行われました。

当時のササン朝はアラビア半島の南まで領土を広げたこともあり、インドや中国とも海上の交易が発達します。貴族が使っていた銀や青銅器、ガラス、陶製の食器はデザイン性が高く、おもに東方へと輸出されました。

また、ゾロアスター教の儀式や宴会で使われた楽器も高く評価され、輸出品となりました。このころに中国に渡った品々は、遣唐使によって日本にもたらされています。

## まとまりを欠くササン朝

隆盛をほこったササン朝ですが、579年に東ローマ帝国との戦いでホスロー1世が戦死すると、東ローマ帝国や突厥との対立関係が再燃しました。

後を継いだホルミズド4世は、学問好きで政治の才能が欠けており、不満を抱くパルティアの軍人が起こした反乱で殺されました。そのあと王になったのは、ホルミズド4世の子であるホスロー2世です。ホスロー2世は、東ローマ皇帝マウリキオスの助けを借りて反乱を収め、王位を維持しました。

602年にマウリキオスが暗殺されると、ホスロー2世は復讐を口実に軍を送り、シリアやパレスチナ、エジプトを占領しました。

しかし、東ローマ帝国も失った領土を回復するためにクテシフォンへ軍を送りました。東ローマ帝国との戦いがはじまると、ホスロー2世は病にかかってしまいます。このあと、後継をめぐる争いが起こり、628年には首都クテシフォンが東ローマ帝国に占領されてしまいました。

この年にホスロー2世が死去すると、弟であるカワード2世が即位します。しかし、半年ほどで暗殺されました（病死説もあります）。以後も、王位を主張する者が多数現れ、ササン朝は国家としてのまとまりを失っていきます。

## イスラム勢力が登場

ササン朝が混乱するなか、アラビア半島ではひとつの勢力が拡大していました。イスラム教団です。イスラム教は、610年ごろにムハンマドによって創始されました。ムハンマドは、イスラム教において「最後にして最高の預言者」「神の使徒《しと》」と位置づけられています。「預言者」は神の言葉を「預かる（責任をもって取りしきる）者」という意味です。「使徒」とは神（アラー）の使いです。

初期のイスラム教は、支配者に受け入れられませんでした。622年、メッカでの布教を断念したムハンマドは、少数の信徒とともにメディナへ移り、そこで多くの信徒を獲得して体制を整えました。

その後、ムハンマド率いるイスラム勢力はメッカを攻撃します。そして630年、ついにメッカを占領し、カーバ神殿にあった多くの偶像を破壊しました。

このころから、アラブ人の世界でムハンマドの教えが広まっていきました。

## カリフ制度がはじまる

632年にムハンマドが死去すると、イスラム勢力は一時的に混乱します。多くの後継者が名乗り出るなかで、最

### そのころ、日本では？

イスラム教が創始された610年ごろ、日本は飛鳥時代にあたります。推古天皇《すいこてんのう》の摂政《せっしょう》であった厩戸王《うまやとおう》（聖徳太子）は、603年に冠位十二階を制定し、翌年には十七条憲法を制定しました。607年には法隆寺《ほうりゅうじ》が建立され、第２回遣隋使《けんずいし》として小野妹子《おののいもこ》らが隋に渡っています。

## イスラム勢力の拡大（７世紀前半）

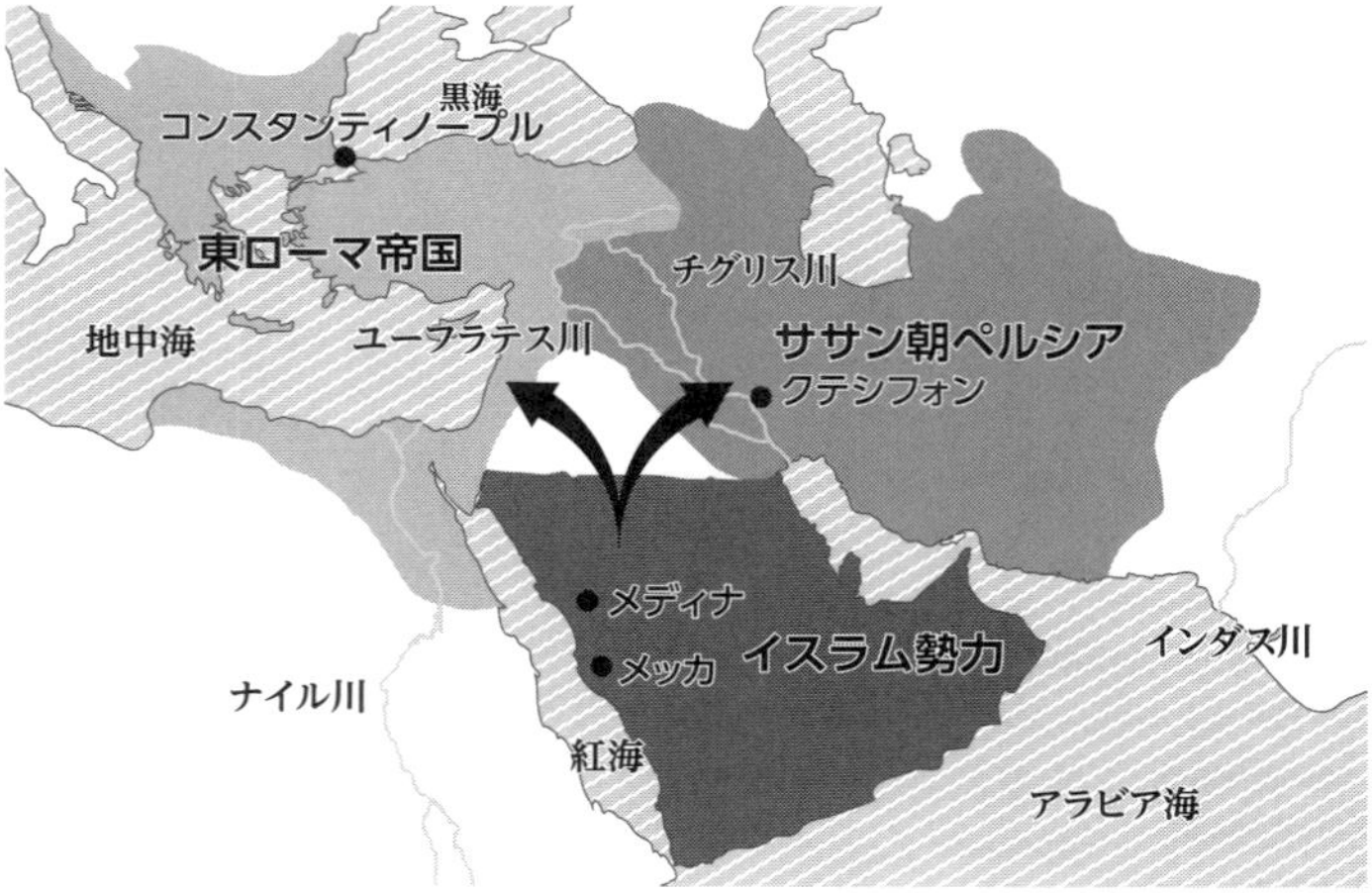


終的にムハンマドの妻のひとりであるアーイシャの父アブー・バクルが後継者「カリフ」に選ばれました。以後、カリフは指導者として継承されていきます。
カリフは、ムハンマドが実現したアラブの統一を維持するため、つまりイスラム教世界を守るために周辺国と戦いはじめました。
当時、アラビア半島の北部では、東ローマ帝国とササン朝が領土をめぐって争っていました。東ローマ帝国の支配下にあったエジプトがササン朝に占領されており、イスラム教徒たちはまずエジプトを攻めました。さらにイスラム勢力は東ローマ帝国が支配するシリア、そしてササン朝の支配するメソポタミアを狙うようになります。

## ササン朝、ほぼ滅亡

636年にシリアを制圧したイスラム勢力は、メソポタミアに進出します。当時ササン朝の王は、ヤズダギルド3世でした。長い歴史があり、高度で豊かな文化をほこっていたササン朝も、政治の混乱が続いて弱体化しており、支配下にあったアラブの有力者はイスラム勢力に寝返っていきました。

この年（または637年）、第2代カリフのウスマーンが率いるイスラム軍とササン朝の軍は、カーディーシャで激突しました。戦いに敗れ、さらに首都のクテシフォンを失ったヤズダギルド3世は、イラン高原に逃れて再起を図ります。

ところが、642年にクテシフォンの北東ニハーヴァンドでふたたびイスラム軍に敗れます。ヤズダギルド3世はさらに東に逃れ、ササン朝ペルシアは実質的に滅亡しました。なお、この年にイスラム勢力はエジプトも制圧しました。

ひみつコラム

# 伝統を受け継ぐペルシア絨毯

## 敷物から壁かけ、テーブルクロスとしても使われる

イランでもっとも有名な工芸品といえば、ペルシア絨毯《じゅうたん》です。日本円で数千万円する高級品もあり、世界の王族や富豪たちがコレクションしています。

そんなペルシア絨毯のはじまりは、2000年ほど前とされ、遊牧民が暮らすテントの敷物だったと考えられています。素材は遊牧民が飼っていた羊の毛でした。

その後、インドや中国からもたらされた綿や絹も使われるようになっていきました。定住生活が一般化すると敷物として生活に欠かせないものになり、生活が豊かになるにつれ、壁かけやテーブルクロスでも使われるようになったと考えられています。

現代におけるペルシア絨毯の製造の工程は、まず絨毯の大きさに合わせた枠に、基本になる縦（経）糸を固定します。その後、注文に応じたデザインにしたがって横糸を編みあげていきます。複雑な模様になると、完成までに数年かかる場合もあります。

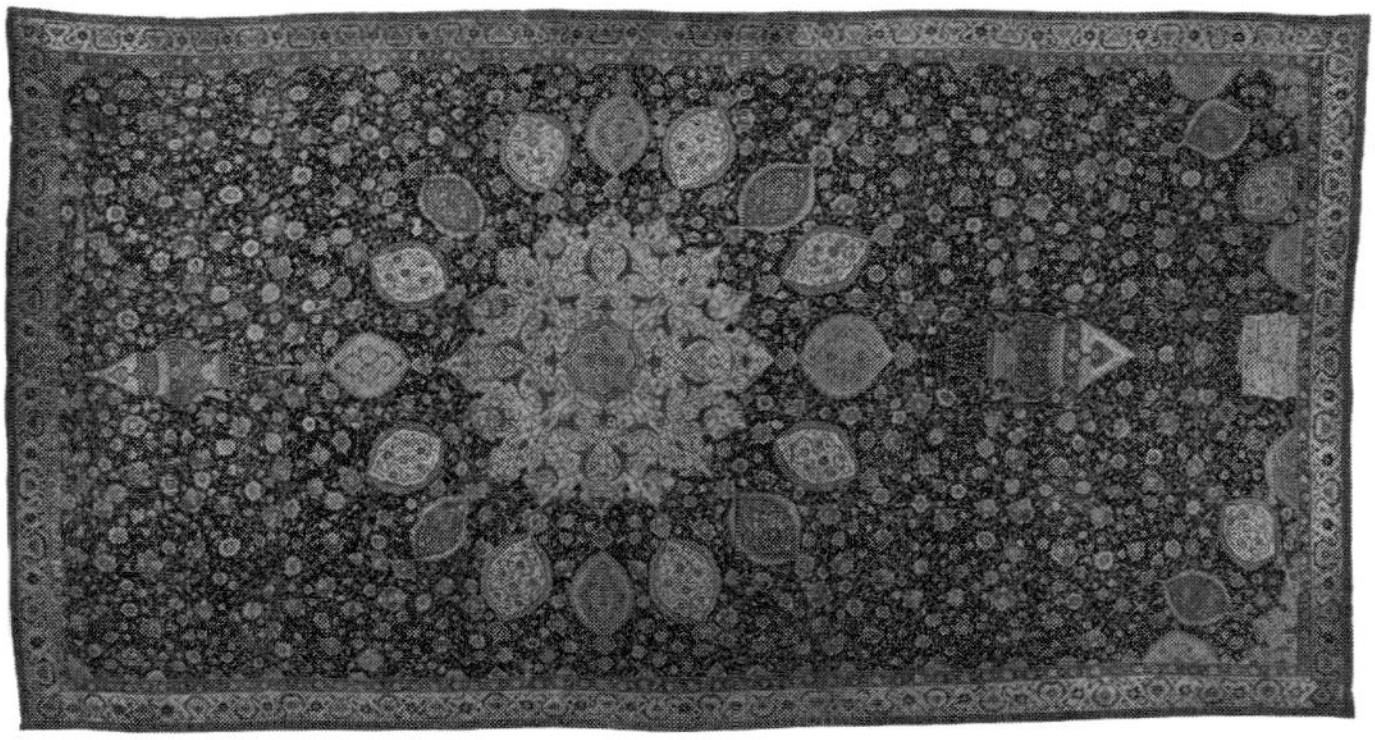

1539 ～ 1540年に制作された「アルダビール絨毯」

手縫いの絨毯の製造は、ひとりの職人が手がける場合もあれば、数人で協力して織り上げていく場合もあります。デザインは唐草模様や植物模様のほか、そこから発展した抽象的な曲線アラベスク（幾何学模様など）がポピュラーです。近年はコンピューター・グラフィックを用いてデザインする職人もいます。

なお、ペルシア絨毯の定義はかなり厳密で、「イラン国内で製造された手織りの絨毯」のみが、ペルシア絨毯と呼ばれます。

とくに羊毛１００％で織られた最高級のペルシア絨毯は、長く使うほどに美しさや味わいが増していきます。保温・保湿にすぐれ、水や汚れにも強くなり、数十年も使い続けることができます。

## 知れば知るほどおもしろいイランの偉人❸

シャープール1世に保護された宗教者

# マーニー

مانی

（216ごろ～276年）

### 諸宗教の一部分を選びとって教義に

マーニーはアルケサス朝パルティアの末期、バビロニアのマルティーヌー村でパルティア人と貴族の血を引く女性の子として生まれました。

12歳と24歳の計２回、神の啓示を受けたマーニーは、宗教指導者になることを決意しました。マーニーは、さまざまな宗教の教義を選びとって調和させ、信仰する人びとに対し、禁欲生活を送ることをすすめました。

当時イランを支配したササン朝はゾロアスター教を国教としており、マーニーの教えは異端でした。しかし240年ごろに即位したシャープール１世はマーニーに興味をもち、布教を許します。その後、マーニーの教えは中央アジアやローマ帝国、エジプトにまで広がりました。その一方で、ゾロアスター教の神官たちの怒りを買い、シャープール１世の後を継いだワフラーム１世によってマーニーは捕らえられ、処刑されました。

chapter 4

# イスラム化するイラン

## カリフは誰？

メソポタミアからササン朝を追い出したイスラム勢力ですが、内部では問題が生じていました。

イラクやエジプトを支配下としたにもかかわらず、軍人たちが「恩賞が少ない」と不満をため込んでいたのです。そして656年、第3代カリフのウスマーンが軍人たちに暗殺されました。

ウスマーンの暗殺後、ムハンマドの従弟で養子になったアリーが第4代カリフに選ばれますが、ウスマーンの親族（ウマイヤ家）は、ムハンマドの妻であったアイーシャを擁立し、アリーに対抗します。両者はバスラで戦い、アリーが勝利しました。

翌年、ウマイヤ家を継いだムアーウィアが立ち上がり、両者は話し合いをすることになりました。ところが、アリー側にいた一部勢力が「カリフは神の決めるべき問題であり、話し合いで決めるものではない」と主張して離脱します。彼らはハワーリジュ派と呼ばれ、アリーとムアーウィアの暗殺を図りました。

661年にアリーが暗殺されると、ウスマーンの後を継いだと主張するムアーウィアが正式にカリフとなりました。こうして、ウマイヤ朝が誕生します。

## イスラム教徒でなければ課税

ササン朝の滅亡後、新たな統治者となったウマイヤ朝によって、現在のイラン一帯にはイスラム教がもたらされました。それまで国教とされていたゾロアスター教は、禁止こそされなかったものの、イスラム教でない宗教を信仰する者には、ジズヤ（人頭税）という税金が課せられました。その結果、イスラム教へ改宗する者が増えていき、ゾロアスター教は衰えていきます。

また、アラブ人の支配が拡大した7世紀なかば以降になると、それまで使われていた中期ペルシア語（パフラヴィー語）に加えて、アラビア語が公用語となりました。

ウマイヤ朝は、改宗によりジズヤを免除したものの、ハラージュという土地にかかる税を取り立てました。イラン高原の農民たちは、重い負担を避けるため都市へと移住し、マワーリー（庇護民《ひごみん》）となって税をまぬかれました。

## スンナ派とシーア派

ムアーウィアは、シリアのダマスカスを拠点として、彼に忠誠を誓った多くの軍人たちを使って反対勢力を抑え込み、20年にわたって政治を行いました。

680年にムアーウィアが死ぬと、子のヤジードが後を継ぎます。このとき、アリーを支持していた人たちは、アリーの息子フサインをかつぎ出して反乱を起こしました。

ウマイヤ朝は軍を送って撃退しますが、フサインたちはその後もクーファ（バグダードの南方にある都市）を中心に抵抗を続けました。さらにメッカでは、初代カリフのアブー・バクルの孫にあたるイブン・アッズバイルがエジプトやアラビア半島の軍人の支持を集め、カリフを宣言します。これでイスラム勢力は3つに分裂し、ふたたび内乱の時代に突入しました。

692年、当時のカリフだったアブドゥルマリクはメッカに軍を送り、イブン・アッズバイルを滅ぼしました。ウマイヤ家がカリフを継承することが決定的になったものの、アリーを支持していた人びとはその後も残りました。彼らは「シーアットアリー（アリーの党派）・シーア」と呼ばれ、現代にいたるシーア派が誕生するのです。

ウマイヤ朝がイスラム教の「慣行や慣習（スンナ）」を統治の基本としたことから、シーア派に対して「スンナ派」と呼ばれるようになりました。

## アッバース革命！

内乱が終わったあと、ウマイヤ朝はインド方面やアフリカ北部、さらにイベリア半島へと軍を進めます。8世紀の初めごろには、これらの地域を領土としました。

ところが、領土の拡大にともなう戦費に加え、支配地域でイスラム教徒が増えたこともあってジズヤによる収入が減り、財政は苦しくなっていきます。やがてウマイヤ朝はマワーリーからもジズヤを取り立てるようになり、イラン

### そのころ、日本では？

シーア派が誕生したころ、日本では持統天皇《じとうてんのう》が飛鳥浄御原《あすかきよみはら》令《りょう》を施行しました。この法令では、戸籍制度の実施や班田収授法の執行など、行政に関する規定が定められました。また、694年には飛鳥浄御原宮から藤原京へと遷都されました。

人たちは不満をつのらせました。

また、王朝内部でもカリフの座をめぐる対立がはげしくなり、ウマイヤ家がムハンマドの血筋から遠いことから反発する勢力も現れます。そのなかで、ムハンマドの血を引くアッバース家が、少数派であったシーア派を味方につけて、ウマイヤ朝に抵抗しました。

749年、アッバース家のアブー・アッバース・サッファーフは、ウマイヤ朝に不満をもつ勢力を集めて挙兵します。カリフを名乗ったアブー・アッバースは、アッバース朝の成立を宣言しました。

翌年、アブー・アッバースは、ウマイヤ朝のカリフであるマルワーン2世を破り、ウマイヤ朝を滅ぼしました。一連のできごとは、アッバース革命と呼ばれます。

強大な権力を手にしたアブー・アッバースは、直後に

味方のシーア派を遠ざけました。統治を安定させるには、多数派であるスンナ派の力が必要だったのです。シーア派の人びとは、アラビア半島からイラン高原へと移っていきました。

756年、イベリア半島にいたウマイヤ家の人びとはアッバース朝から分離し、新たな王朝として存続しました（後《ご》ウマイヤ朝といいます）。

## 改宗するイラン人たち

アッバース朝は、ウマイヤ朝のようにアラブ人が他の民族を支配するのではなく、すべてのイスラム教徒が平等である社会をめざしました。ウマイヤ朝への反発が強まる原因となったジズヤも、改宗すればアラブ人以外から取らないことを決めます。

一方で、土地にかかるハラージュはアラブ人にも課せられました。なお、イスラム教に改宗しない人たちは、ジズヤとハラージュを納めれば、他の宗教を信仰することが認められました。こうしてイラン人の反発は抑えられ、ゆっくりと改宗が進んでいきます。

アッバース朝が成立したころ、イランのイスラム教徒は人口の10パーセントほどでしたが、それから約20年で50パーセントを超えるほどに増えました。

## 100万人都市バグダード

766年、アッバース朝の2代目カリフであるマンスールは、新しい首都バグダードを建設しました。バグダードは陸上交通だけでなく河川交通も発展し、インド洋や地中海を結ぶ交通網の中心となり、商業活動がさかんになりました。

アッバース朝の第5代カリフ、ハールーン・アッラシードの時代には、人口が100万人に達し、当時としては世界有数の巨大都市になりました。

イスラム商人たちはインド洋と地中海を自由に行き来し、エジプトのアレクサンドリアから中央アジアのサマルカンドまでがバグダードを中心に結びつけられました。これをイスラム・ネットワークといいます。イスラム商人は、中国やアフリカ大陸に活動の場を広げていきました。

9世紀の初め、ハールーン・アッラシードは、バグダードに「ヒザーナ・アル・ヒクマ（知恵の宝庫）」という図書館を建設します。ササン朝時代に文化の中心地であった

## 8世紀後半の西アジアと主要な交流ルート

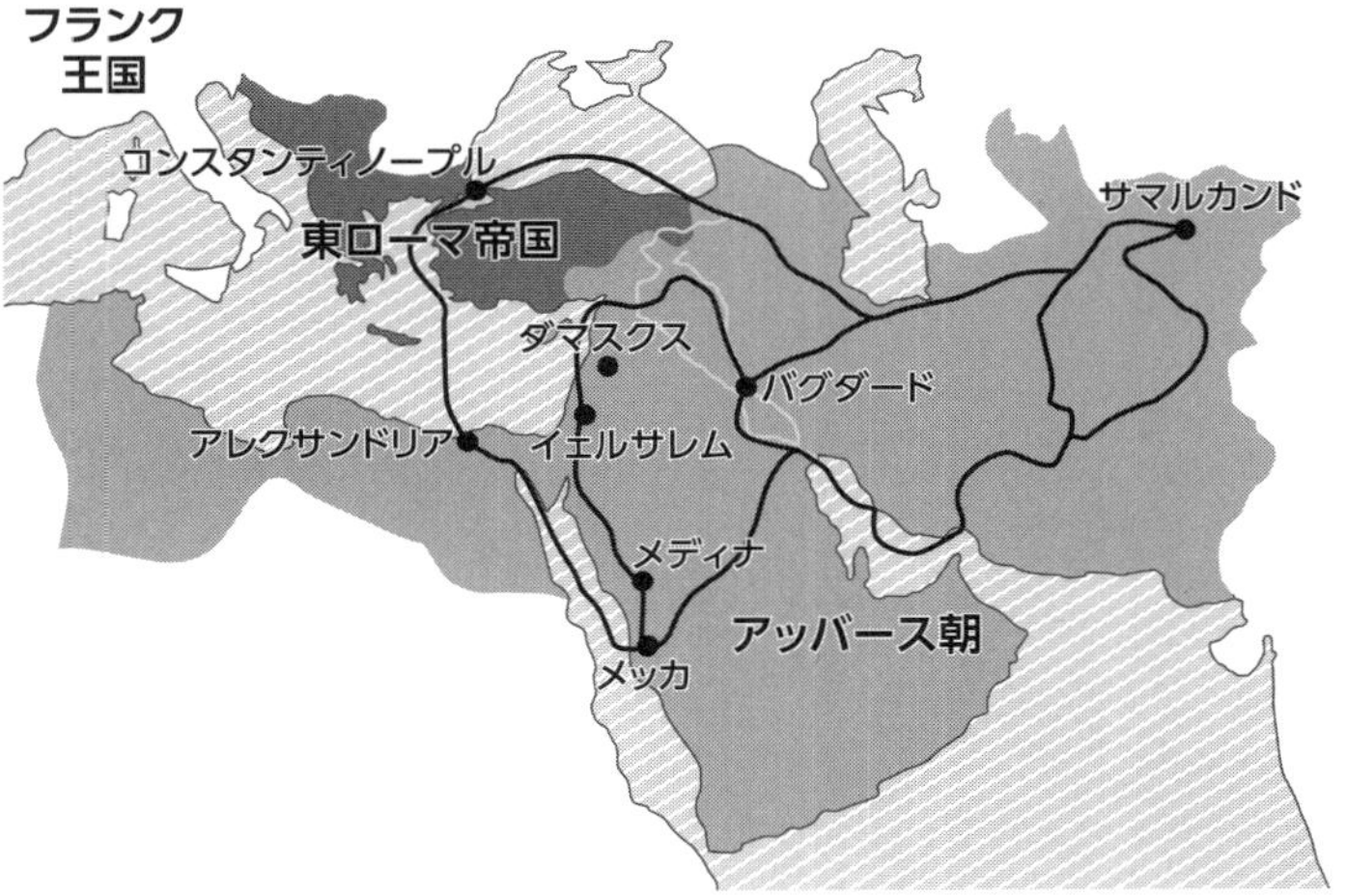


ジュンディーシャープールから多くの学者が招かれ、さらに芸術家も集まってきたことから、バグダードは文化都市としても栄えます。
このころが、アッバース朝の最盛期でした。

## アラブ人VSイラン人

ハールーン・アッラシードが809年に死去すると、その後継をめぐってアッバース朝内でアラブ人とイラン人が対立し、内乱に発展しました。

ハールーン・アッラシードには、アラブ人の妻とイラン人の妻がいました。

アラブ人の妻とのあいだに生まれたアル・アミーンは、父の死によりバグダードでカリフに即位しました。

一方、イラン人の妻とのあいだに生まれたアル・マームーンは、811年に東方で決起し、翌年にはカリフであると宣言します。そしてバグダードに攻め込んで街を破壊し、813年にアル・アミーンを殺しました。

内乱が終わると、アル・マームーンはチグリス川の東岸に首都機能を移します。アル・マームーンは、ヒザーナ・アル・ヒクマを大きくして「バイト・アル・ヒクマ（知恵の館）」としました。そこでは、ギリシア語で書かれた哲学書や科学や天文学の本などがアラビア語に翻訳されました。

また、9世紀になると、アラビア文字を改良したペルシア文字が使われるようになり、アラビア語にルーツをもつ新しいペルシア語（近代ペルシア語）ができました。

## 分裂しはじめるアッバース朝

アル・マームーンがバグダードの街を破壊したのには、理由がありました。この地はスンナ派の勢力が強く、シーア派が多いイラン人が不満を抱いていたからです。アル・マームーン自身も東方に拠点があったことから、最初はバグダードに入ろうと考えていなかったようです。

その結果、ホラサン地方の軍人はバグダードに行かなくなり、アル・マームーンは中央アジアのトルコ系民族をマムルク（奴隷兵）として採用しました。

バグダードに移住したマムルクは、もともとバグダードにいた軍人と対立するようになります。マムルクは横暴なふるまいが目立ち、バグダードの市民に嫌われました。マムルクのせいでバグダードの治安が悪くなったことから、第8代カリフのムウタスィムは、８３６年に首都をサーマッラーへと移しました。

その後、８４７年に即位したムタワッキルは、財政改革に失敗しました。

８６９年には、メソポタミア南部で過酷な労働を強《し》いられていた黒人奴隷が反乱を起こします。黒人奴隷を率いたイラン人のアリー・ビン・ムハンマドは、独立国家を宣言しました。８８３年にカリフが軍を派遣してようやく反乱をしずめますが、アッバース朝の権威は低下しつづけました。

このように、アッバース朝内ではスンナ派（アラブ人）とシーア派（イラン人）が対立しており、国の分裂がはじまりました。

821年、東方のホラサン地方でイラン人のターヒル・イブン・フサインがターヒル朝を建てました。これをイラン人による最初のイスラム王朝とする見方があります。

ターヒルはアッバース朝を支える一族の出身でしたが、イスラム教の集団礼拝の際にカリフの名を読み上げる慣習を廃止し、また貨幣からカリフの名を消します。これは独立を意味する行為でした。

ただし、ターヒルはアッバース朝に貢ぎ物を納めており、のちにバグダードの総督に任命されていることから、敵対しているわけではありません。そのため、独立王朝とはいえないでしょう。

## そのころ、日本では？

ターヒル朝が興った821年、日本では弘法大師《こうぼうだいし》こと空海が、故郷の讃岐《さぬき》（現在の香川県）で満濃池《まんのういけ》の改修工事を行いました。雨が少ない讃岐では、多くのため池がつくられました。満濃池は現存し、灌漑用のため池としては日本最大の貯水量をほこります。

8世紀後半の中央アジア

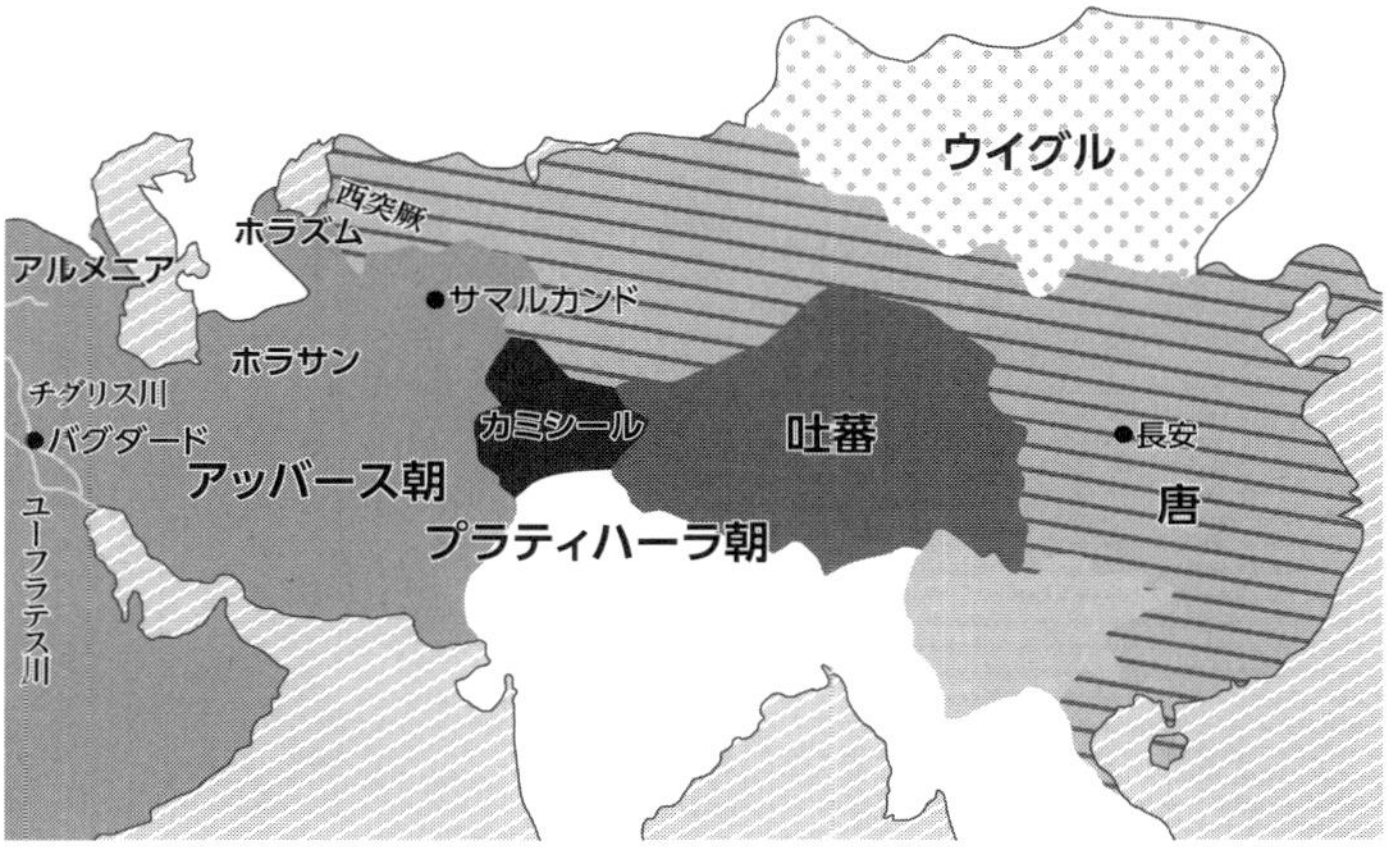


## マムルクのルーツ

ここで、マムルクと呼ばれたトルコ系民族について少しふれておきます。

トルコという国や民族の名称は9世紀当時にまだ存在しておらず、突厥やウイグルなどと呼ばれていました。彼らは8世紀ごろから唐《とう》に進出していましたが、9世紀になると追い出され、中央アジア方面へ移っていきました。

トルコ系民族は、イラン人をふくむイスラム勢力との戦いに明け暮れました。イスラム勢力の捕虜になった者は奴隷としてバグダードへと送られ、イスラム教に改宗させられました。そこで軍人となり、マムルクと呼ばれるようになったのです。

戦闘能力が高いマムルクは、アッバース朝だけでなく地方の実力者たちにも重宝され、イスラム勢力の中で確固たる地位を築いていきます。

なお、9世紀のなかばには、中央アジアでトルコ系民族のカラハン朝が誕生していま す。ただ、カラハン朝の成立過程には複数の説があり、どういう王朝であったのかは、よくわかっていません。

## ターヒル朝を倒したサッファール朝

アッバース朝の分裂や衰退のきっかけとなった小王朝は、ほかにもありました。9世紀の初めごろ、イスラム世界の多くの都市でアイヤールと呼ばれる集団が現れました。アイヤールとはペルシア語で「若者らしさ」という意味で、独立心が強く、独特な言葉づかいや服装をしていました。

イラン南東部のスィスターン地方のアイヤールに属した、ヤアクーブ・イブン・アルライスは盗賊となって部下を増やし、やがて軍司令官を意味する「アミール」を名乗ります。

873年、ヤアクーブ・イブン・アルライスは、ターヒル朝の本拠地であるニーシャープールを攻め落としました。その弟アムルはカリフに実力を認められ、サッファール朝として独立します。スィスターン、ホラサン、ファールスなど、現在のイランの中央部から東部を支配しました。

## サマルカンドを拠点としたサーマーン朝

ササン朝の血を引くイラン人のサーマーンが建てたサーマーン朝も、同時期に成立した小王朝です。ゾロアスター教を捨ててイスラム教に改宗し、アサドと改名したサーマーンは、マムルクを使って軍事侵攻をくり返し、中央アジアのサマルカンドを拠点としました。

アサドの子ナスルは、アッバース朝のカリフから中央アジアの支配権を認められ、サーマーン朝が成立しました。

ナスルの弟イスマーイールは、ホラサンの全域からスィスターンへと領土を拡大し、

892年までにブハラに首都機能を移します。ブハラやサマルカンドは、文化や学問の中心としても知られるようになりました。

イスマーイールは、900年にサッファール朝からホラサン地方を奪いとるなど、領土をさらに広げます。一時はイラン高原の中央部まで支配し、独自の貨幣を鋳造するほどの大勢力となりました。

しかし、962年（977年とも）にアフガニスタンで成立した新しい王朝（ガズナ朝）と戦って敗れ、ホラサンや中央アジアの領土のほとんどを失いました。サーマーン朝は、999年に滅亡しました。

## アリーの子孫が一時的に復活

続いて、イランの西部の9世紀後半以降をみていきます。

サーマッラーへの遷都から30年近くが経過した864年、カスピ海の南岸地帯にアリー朝が成立しました。「アリー」は、シーア派のルーツとなった第4代カリフのアリーに由来します。アリー朝は、シーア派の中でスンナ派との対立を望まないザイード派が興しました。

ザイード派の中心人物は、アリーの子孫を名乗るハサン・ビン・ザイドでした。彼は、ゾロアスター教を信仰するダイラム人をイスラム教に改宗させて傭兵とし、アッバース朝やサッファール朝の侵攻を防ぎました。一時は遠征も行って勢力を拡大しましたが、930年ごろに弱体化しました。

その後この地域では、同じくダイラム人を使って勢力を伸ばしたズィヤール朝が勢力を拡大します。首都のゴルガーンは、文化都市として栄えました。

## そのころ、日本では？

930年、干ばつにみまわれた平安京で、雨乞いについての会議が開かれていました。そのさなか、清涼殿《せいりょうでん》という建物に雷が落ち、複数の死傷者が出ます。この落雷は、大宰府《だざいふ》に左遷され、その地で死去した菅原道真《すがわらのみちざね》の祟《たた》りとのうわさが流れました。

## 三兄弟が興したブワイフ朝

アリー朝やズィヤール朝の勢力拡大に貢献したダイラム人は、マムルクと並んで戦闘が得意な民族でした。彼らはエルボルズ山脈の峻厳な山地で育ち、サーマーン朝などとの戦いで戦術を鍛えられ、傭兵として活躍しました。

ズィヤール朝を成立させたマルダーウィージュが935年に奴隷により暗殺されると、翌年にダイラム人の有力者であるイマード・ダウラ、ルクン・ダウラ、ムイッズ・ダウラの三兄弟が独立して、ブワイフ朝を興しました。「ブワイフ」は、3人の父の名前に由来します。

945年、ムイッズ・ダウラはアッバース朝の政権を奪っていたハムダン朝（現在のイラク北部やシリアにあったアラブ人の王朝）の勢力をバグダードから追い出しました。その功績により、ムイッズ・ダウラはカリフから「大アミール」の称号を与えられました。弱体化するアッバース朝において、軍事総司令官の地位を獲得したのです。また、大アミールとして実権をにぎったことで、イスラム教の中で少数派だったシーア派の立場が確立されました。

## イクター制を採用します

この年、ブワイフ朝ではイクター制がはじまります。国を維持していくために軍事力が欠かせなかったブワイフ朝では、支配地（イクター）を軍人に分け与え、その土地で税を取り立てることを認めました。軍人に安定した収入を与えることで忠誠を誓わせ、主従の関係を固めたのです。これを封建制といい、イクター制は軍事的な側面が強いことから、軍事封建制とも呼ばれます。

その後、ブワイフ朝の領土は三兄弟が3分割して統治しました。たがいに協力することなくそれぞれが支配地を広げ、しばしば争うこともありました。

一方のアッバース朝は、アラビア半島を支配するのみとなり、イスラム帝国と呼ばれた面影は消えてしまいました。

イクター制

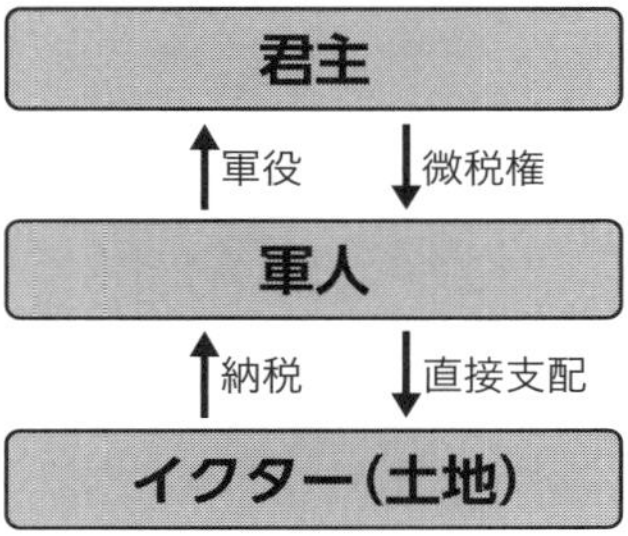

### 盗賊からのしあがった英雄

## ヤアクーブ・イブン・アルライス

یعقوب لیث صفاری

（840 ～ 879 年）

### 貴族に嫌われ、庶民に愛される

イラン南東部のスィスターン地方で生まれたヤアクーブは、貧しい銅細工師の家庭で育ちました。幼いころに父親を亡くして家業がひっ迫していたヤアクーブは、豪商から金品を奪って貧民に分配する盗賊となり、名を上げます。

そのころ、スィスターン地方はアッバース朝の命令を受けたターヒル朝に侵略されかけており、ヤアクーブもターヒル朝と戦いました。861年、ヤアクーブはスィスターンのアミール（司令官）を名乗って勢力を拡大します。そして867年、サッファール朝が成立しました。「サッファール」は、銅細工師という意味です。

ターヒル朝を追い出して勢いに乗ったヤアクーブは、イラン東部などを中心に領土を広げました。サッファール朝は周辺のイラン人貴族からは嫌われましたが、その義侠心は庶民に歓迎され、後世に英雄視されました。

chapter 5

# イラン人と トルコ人とモンゴル人

## 奴隷から身を立てたトルコ系民族

10世紀の後半にアッバース朝やブワイフ朝が弱体化するなかで、イランでは奴隷から身を興したトルコ系民族が、大きな力をもつようになりました。

イスラム世界の奴隷は、農場で鞭《むち》を打たれながら労働を強制されたり、気ままな主人に奉仕させられたりするばかりではありませんでした。アラビア語では、奴隷のことを「グラーム」といいます。アッバース朝の時代以降、グラームは有力者の身の回りの世話や財政管理などを行う側近のような役割を果たしました。戦争になると、グラームを中心とする軍団も組織され、戦場を駆けました。

トルコ系民族のアルプテギンは、サーマーン朝に奴隷として仕えていました。彼はアフガニスタンのガズナに移ってマムルクたちを集め、独立を果たします。977年にアルプテギンが死去すると、部下のサブクテギンが君主となり、ガズナ朝が成立しました。

ガズナ朝は武力で周辺を征服し、支配地域はイラン東部のホラサンからアフガニスタン南部のスィスターン、中央アジアのホラズム、北西インドのパンジャブへと広がりました。10世紀の初頭になると、ガズナ朝は最盛期を迎えます。

なお、ガズナ朝の代々の君主はスンナ派を信仰し、勢力が衰えていたアッバース朝のカリフを尊重しました。反対にシーア派のブワイフ朝とは対立しました。

## イラン人は縁の下の力持ち？

トルコ系民族が存在感を示すようになったことで、イラン周辺にいた民族は細かく区分されていきます。ターヒル朝やブワイフ朝のもとで暮らしていたイラン人は、支配される側にいました。それでも文化の伝統は維持しており、近代ペルシア語は使われつづけました。

各地に建てられたマドラサという教育施設では、多くのイラン人がイスラム神学の研究を深め、さらに法学や歴史学なども発展しました。マドラサで学んだイラン人たちは、官僚として王朝を支えました。つまり、イラン人は主役であるアラブ人やトルコ人を支える存在としてすごしていたのです。

ガズナ朝のトルコ系民族は、当時イスラム教の中で流行したスーフィズムを実践しました。

スーフィズムとは信仰の実践方法のひとつで、踊りで神との一体感を得たり、神への賛美を唱えたりします。トルコ系民族は、伝統的にすべてのものに霊魂《れいこん》が存在すると考えており、このスーフィズムの思想を受け入れやすかったのでしょう。

## トゥグリル・ベクの快進撃

10世紀ごろのトルコ系民族には20あまりの部族がありました。そのひとつであったオグズ・トゥルクメンには、22の小集団がありました。その小集団のひとつであるクヌク族が、11世紀に台頭します。

クヌク族のアルスラーン・イスラーイールという人物は、カラハン朝に仕えてブハラやサマルカンドを支配していました。このあと、カラハン朝で権力闘争が起こると、イスラーイールは仲間とともにガズナ朝につきます。

ガズナ朝の君主であったマフムードは、イスラーイールの才覚を見抜き、将来、権力を奪われるのではないかと恐れました。そして、マフムードはイスラーイールを捕らえて、その仲間を追放します。

追放された者たちは遊牧生活をはじめ、ガズナ朝の牧草地はたちまち占領されてしまいました。マフムードは彼らをさらに遠ざけ、カスピ海の東北へと追いやります。追いやられた者たちのなかに、イスラーイールの甥《おい》トゥグリル・ベクがいました。

トゥグリル・ベクは兄とともに軍団を組織し、1038年にガズナ朝の拠点であったニーシャープールを占領しました。ここから、セルジューク朝がはじまります。

2年後、トゥグリル・ベクは、ガズナ朝を武力で倒しました。そしてガズナ朝に不満をもっていたホラサンの有力者たちに「解放者」として迎え入れられ、ガズナ朝が支配した都市を次々と支配下に組み

入れていきました。

セルジューク朝はトルコ系民族の王朝ですが、自分たちだけで権力を独占することはなく、イラン人などの異民族を積極的に登用して勢力を拡大していきました。

## スルタンの称号

1055年、セルジューク朝はバグダードを攻めて、ブワイフ朝を倒しました。こうして、イラン高原一帯の支配者は、アラブ人からトルコ系民族へと移り変わったのです。

トゥグリル・ベクは、アッバース朝のカリフから「スルタン」の称号を授けられました。スルタンとは「神に由来する権威」という意味で、イスラム教の聖典コーランにも登場します。スンナ派では王や政治権力者を意味し、ガズナ朝やブワイフ朝でも使われていましたが、カリフから公式に授けられたことで特別に大きな意味をもちました。

スンナ派を守る立場を示したトゥグリル・ベクは、シーア派のブワイフ朝を倒してアッバース朝の権威を回復させ、バグダード市民にも歓迎されました。

以後、スルタンの称号はセルジューク朝の当主に受け継がれ、カリフの権威は形だけになっていきます。

## ローマ皇帝を捕まえた

トゥグリル・ベクが1063年に死去すると、後継者争いを制した甥のアルプ・アルスラーンが第2代スルタンとなります。野心家のアルスラーンは中央アジアやファールス地方、アゼルバイジャン、ジョージアにも遠征し、東ローマ帝国とも対立するようになりました。

1071年、アルスラーンは1万6000の兵を率いて、東ローマ帝国の皇帝ロマヌス4世が率いる6万の兵（兵力は諸説あり）と戦います。この戦いではアルスラーンの戦略がさえわたり、敵を大いに破ってロマヌス4世も捕らえました。

この結果、東ローマ帝国がいなくなったアナトリア半島には、多くのトルコ系民族が移り住みました。

## マリク・シャーとニザームルムルク

アルプ・アルスラーンが1072年に死去すると、子マリク・シャーが第3代スルタンの座に就きました。まだ10代だったマリク・シャーは、父親の代から仕えてきたイラン人のニザームルムルクを宰相《さいしょう》として、政治を任せました。

なお、「マリク」はアラビア語で王を意味し、「シャー」とは、ペルシア語で王を意味します。「シャー」は、紀元前から使われていましたが、このマリク・シャー以降は、イラン各地の君主の称号として定着します。

ニザームルムルクによって国内は安定し、セルジューク朝は、中央アジア、アナトリア、アラビア半島の南東部まで領土を広げました。マリク・シャーの信頼が厚かったニザームルムルクは絶大な権力を有し、行政組織の整備から軍事力の強化まで、国家の舵取りをになりました。

## セルジューク朝の最大版図（11世紀後半）

ニザームルムルクは優秀な官僚を育てることに力をそそぎ、各地に学校を建設します。この学校は彼の名前にちなんでニザーミーア学院と呼ばれ、セルジューク朝を繁栄させるための政治学や哲学の講義や、スンナ派の教義をより深く理解するための講義も行われました。
さらにマリク・シャーは、ニザームルムルクに『統治の書』という本を書かせました。これは、セルジューク朝の君主の心得をまとめた内容でした。
このころ、セルジューク朝は全盛期を迎えます。名目上はカリフのもとでイスラム教の教えにもとづき統治をする立場でしたが、カリフの継承にも口を出すほどの権力を有したのです。

## 混乱、のち分裂

1092年10月、ニザームルムルクはバグダードに向かう旅行中に暗殺されました。暗殺教団と呼ばれるシーア派の一派によるものといわれます。マリク・シャーも翌月に死去し、後継者をめぐってセルジューク朝は混乱しました。

セルジューク朝には王位継承に明確な決まりがなく、実力と人望を兼ね備えた人物が選ばれるのが一般的でした。

後継者となったのは、マリク・シャーの子で12歳のベルクヤルク（バルギャールク）と4歳のマフムードでした。ふたりは異母兄弟で、それぞれの取り巻きにかつがれて対立します。最終的にベルクヤルクが後継者となりますが、

### そのころ、日本では？

1095年、白河上皇《しらかわじようこう》は院の警護を強化するために北面の武士を設置しました。以後、武士は朝廷で重用されるようになります。当時の源氏の棟梁《とうりよう》は前九年の役と後三年の役で活躍した源義家《みなもとのよしいえ》で、平氏の棟梁は平清盛《たいらのきよもり》の祖父である平正盛《まさもり》でした。

1095年には叔父のトゥトゥシュと対立して戦闘が起こり、トゥトゥシュは戦死しました。

1100年になると、ベルクヤルクは異母弟のムハンマド・タバルと対立し、5回にわたる戦闘が行われるも決着はつきませんでした。

結局、イラン中央部はベルクヤルクが領有することになり、アゼルバイジャン、アルメニア、北イラクはムハンマド・タバルが領有することになりました。なお、ホラサンやゴルガーンは、ムハンマド・タバルの同母弟であるサンジャルが領有しました。

さらに1104年、ベルクヤルクが死去すると、セルジューク朝は大きく3つに分かれ、以後は分裂をくり返すようになります。

## 十字軍との戦い

セルジューク朝が混乱していた1096年、ヨーロッパではキリスト教徒が軍事遠征をはじめました。ローマ教皇の「イスラム教徒に占領されている聖地イェルサレムを奪還すべし」の呼びかけに応じて、十字軍が組織されたのです。

コンスタンティノープルに集結した十字軍は、アナトリアにあったルーム・セルジューク朝を攻めました。このルーム・セルジューク朝は、スルタンの座をアルプ・アルスラーンと争った従弟の子が建てた王朝です。

1099年、十字軍はイェルサレムを占領し、多くのイスラム教徒が虐殺《ぎゃくさつ》されました。さらに、地中海の東海岸にはキリスト教国家であるイェルサレム王国、アンティオキア公国、トリポリ伯領《はくりょう》が建設されました。

十字軍に対するイスラム教徒の恨みは深く、12世紀なかばになると、北部シリアやメソポタミアにあったザンギ朝が、十字軍との戦闘に突入します。1187年にサラーフ・ウッディーン（サラディン）の率いるザンギ朝の軍が、ヒッティーンの戦いで勝利してイェルサレムを奪い返しました。

## バラバラになるセルジューク朝

セルジューク朝は、なぜまとまりを欠いたのでしょうか。

じつは、王朝の中心地である現在のイラクやイランあたりでは、スルタンをめぐる争

## 分裂したセルジューク朝（12世紀末）

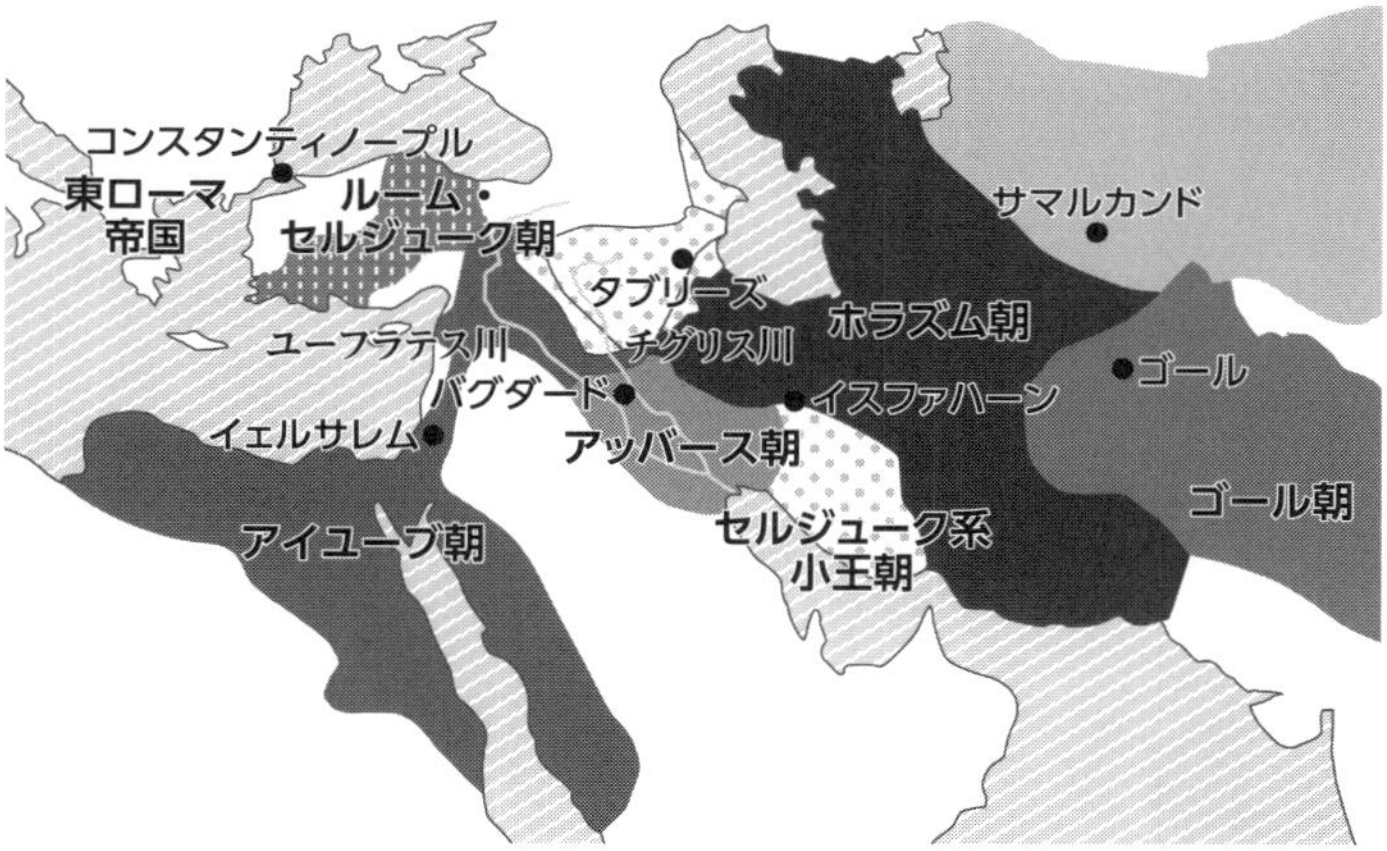


いが続いており、十字軍との戦闘には関わっていません。つまり、セルジューク朝が国全体を支配する状態ではなく、地方にはセルジュークを名乗る小王朝が群立していたのです。
権力争いがはげしかったことから、セルジューク朝の王族の男子は短命の者が多く、しばしば幼い王子だけが残されることがありました。すると、幼少の王子を助けた有力者が後見人となりました。
後見人のなかには、王子の母親と結婚して養父となり、権力を手にする者もいました。このような人物を、アタベクといいます。アタは「父」、ベクは「命令者」や

「軍の指導者」という意味です。

セルジューク朝は、3分割されて以降、中小のアタベクが各地で実権をにぎったため、アタベク朝とも呼ばれます。十字軍に滅ぼされたルーム・セルジューク朝や、十字軍を破ったザンギ朝も、アタベクのひとつでした。アタベクのなかには、王子よりも長生きしてスルタンとなった者もいました。

もともと遊牧民であったトルコ系民族は、ヨーロッパの帝国のような中央集権の政治体制とは肌が合わなかったのでしょう。セルジューク朝では、スルタンと臣下の個人的なつながりが重視され、集団で政治が行われていました。このことも、国としてまとまらなかった原因とされています。

## 詩で存在感を示したイラン人

セルジューク朝の時代は、アナトリアから中央アジアまでで、ペルシア語が使われるようになりました。そのきっかけとなったのは、イラン人の詩です。

詩人のゴルガーニーやアマーニなどがセルジューク朝で人気を博しました。同じくイラン人の詩人であるオマル・ハイヤームは、天文学者としても重用されました。12世紀にアゼルバイジャンに生まれた詩人のニザーミーは、この地方の王朝で多くの詩を詠みました。

トルコ系民族が記録を残さなかったため、イラン人は文化面で存在感を示したといえます。

また、この時代は、モスク（「平伏する場所」の意味）と呼ばれる聖堂が各地に建設されました。イスラム教は偶像崇拝を禁じていることから、キリスト教のように十字架やマリア像のように拝む対象が存在しません。モスクにはメッカの方向を示すくぼみがつくられ、イスラム教徒はそこに向かって礼拝をしました。

モスクの建設様式は地域によって異なりますが、イランでは４つのイーワーン（天井が高くアーチ型となって

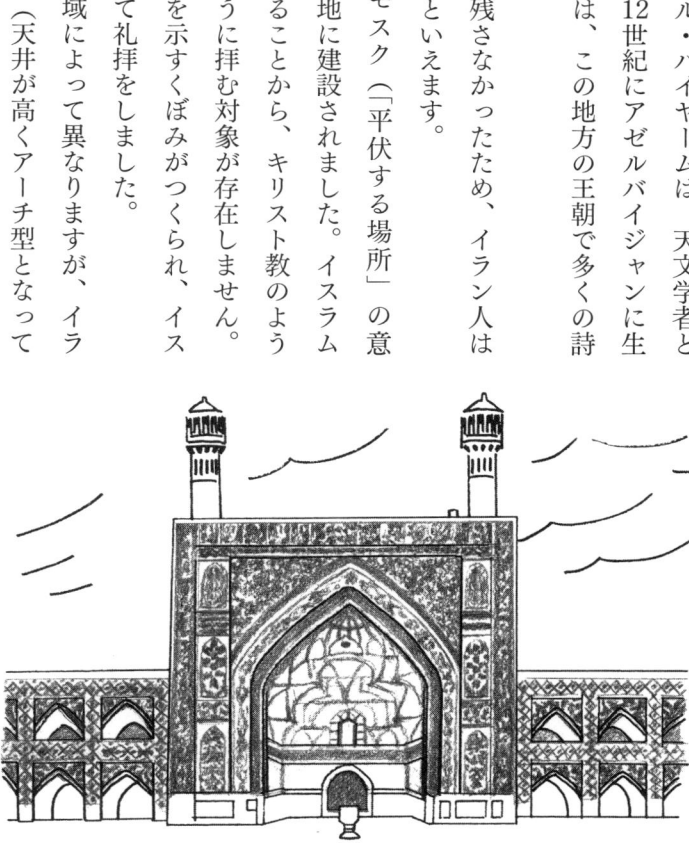

いる空間）と中庭のあるモスクが多く建てられました。現在イラン中部にあるジャーメ・モスクは、セルジューク朝時代の代表的なモスクです。

モスクの壁画や絨毯などは、アラベスクと呼ばれる抽象的な曲線模様が施され、コーランの文言が書かれました。

また、イランではミニアチュールといわれる「写本絵画」が発展しました。人物はもちろん、衣装、草花、景色などを独特の技法で描く絵画で、ササン朝時代からの伝統が受け継がれ、イランの芸術の特徴として知られています。

## サンジャル、大スルタンに

1118年、ムハンマド・タパルが死去すると、子のマフムード2世がスルタンとなりました。しかし、王朝内にはこれに反発する勢力がおり、彼らはムハンマド・タパルの弟アフマド・サンジャルをかつぎ出して対抗します。

サンジャルは、父の死後に起こった後継者争いのさなかにホラサン地方を攻め、この地を支配していました。

1119年、サンジャルはマフムード2世のいるセルジューク朝に軍事的圧力をかけ、自分の権威を認めさせました。このとき、サンジャルは「大スルタン」となります。マフムード2世は、数年後に死去しました。

セルジューク朝の実権をにぎったサンジャルは、ガズナ朝を倒すために中央アジアへ攻め込みました。当時、中央アジアにはホラズム・シャー朝が存在していました。

## ホラズム・シャー朝って?

時代を少しさかのぼり、ホラズム・シャー朝の成り立ちを紹介します。10世紀の中央アジアでは、トルコ系民族のほかにイラン系の民族も生活していました。彼らはホラズム語を話し、農耕に勤《いそ》しみました。ホラズム朝は、イランだけでなく中国やロシア南部との交易で栄えていました。

ところが11世紀の初めにガズナ朝に支配され、のちにセルジューク朝の支配下となりました。セルジューク朝の中心地であるイランから離れていたこともあり、総督が派遣されて統治していました。

1097年、セルジューク朝が後継者争いで混乱するなか、総督のクトゥブ・ウッディーンは、ホラズム・シャーを名乗って独立勢力となりました。

その後、大スルタンであるサンジャルの配下となったクトゥブ・ウッディーンが1127年に死去すると、子のアトスズが後を継ぎました。

## アトスズの反抗

アトスズは当初はサンジャルに従っていたものの、ガズナ朝との戦いのために過酷な軍役を課されたことに耐えかねて、1135年に反旗をひるがえしました。ただ、3年後にサンジャルに制圧されています。

1141年、ガズナ朝と対峙《たいじ》するサンジャルに、東から新たな敵が現れました。カラ・キタイ（西遼《せいりょう》）です。カラ・キタイは、中国で女真族に敗れて中央アジアに逃れたキタイ人の国でした。

サンジャルがカラ・キタイとの戦いに敗れると、アトスズはふたたび反抗しました。以後、両者は何度も戦いますが、1156年にアトスズが死去し、1157年にサンジャルが死去。セルジューク朝とホラズム・シャー朝との対立は終わりました。

セルジューク朝の支配から解放されたホラズム・シャー朝は、その後も勢力を拡大しつづけました。

1189年、スルタン・シャーがホラズム・シャー朝のスルタンの位を、アッバース朝のカリフから与えられました。1197年にはスルタン・シャーの弟テキシュが、イラク・ホラサン・トルキスタンのスルタンの位を、アッバース朝のカリフから与えられました。このころにはセルジューク朝は名ばかりの存在となっており、この兄弟がセルジューク朝の後継者となります。

1217年、テキシュの子アラー・アッディーン・ムハンマドが、中央アジアから現在のイランのほぼ全土を支配しました。

## そのころ、日本では？

ホラズム・シャー朝が勢力を拡大していたころ、日本では源氏と平氏が武家の棟梁の座を争っていました。1181年に平清盛が死去すると、源頼朝《みなもとのよりとも》や木曾義仲《きそよしなか》が挙兵し、やがて源氏が優勢となりました。1185年、壇ノ浦《だんのうら》の戦いで平氏を敗った源頼朝は、鎌倉幕府を開きました。

ひみつコラム

# イランの料理と食文化

## 羊肉や香辛料が多く使われる

ペルシア料理とも呼ばれるイランの料理は全体に薄味で、サフランやシナモンといった香辛料、イノンドやコリアンダーといった香草が多く使われます。イラン人は酸っぱい味つけを好む傾向があり、食卓にはライムのしぼり汁が用意されます。香辛料や香草は、ササン朝ペルシアの時代から使われるようになったと考えられています。

イランの主食はナンのほか、お米も好まれます。メインディッシュとして好まれるのは、遊牧民の時代からもっぱら羊の肉です。ゴルメサブズィは、羊肉をタマネギやインゲン豆、ハーブなどと一緒に煮込んだ定番料理です。すね肉とジャガイモ、ひよこ豆などを小さな壺に入れて煮込んだアーブグーシュトと呼ばれるスープも有名です。

羊の頭と足を煮込んだキャッレバーチェは、朝食に好んで食べられています。

イラン人は外食することも多く、串焼き店ではキャバブーと呼ばれる羊の串焼き肉が

ゴルメサブズィ

©E4024 2018

アーブグーシュト

©Edsel Little 2015

売られています。これに香草をふりかけ、ナンに巻いて食べます。

鶏肉もよく食べられます。ライム汁とすりおろしたニンニクやタマネギを合わせた汁に漬けたものを串焼きにしたジュージェ・キャバーブは、屋台でよく売られています。

長い夏と海抜1600メートルを超える高原地帯ならではの特産品として、くだもののザクロが有名です。イランのザクロは日本でとれるものより大ぶりで、ジャムやジュースのほか、煮込み料理にも使われます。

なお、イスラム教でお酒はご法度《はっと》ですが、紅茶やハーブティーは愛飲されています。じつは、ノンアルコールビールを楽しむ人も多いそうです。

## 知れば知るほどおもしろいイランの偉人⑤

### イラン最大の国民的詩人

# フィルドゥーシー

أبو قاسم الفردوسي

（934 ～ 1025 年）

## 約35年かけた大作も生前は評価されず

フィルドゥーシーは、ホラサン地方中部のトゥースという村で、裕福な地主の子として生まれました。

前半生は不明で、45歳ごろからイランの通史『フワダーイ・マーナグ』を読み、古代ペルシアの神話や伝説、歴史をテーマとする大叙事詩《じょじし》の制作に取り組みました。そして1010年ごろ、約35年をかけて６万句からなる『シャー・ナーメ（王書）』をまとめました。彼はその原稿を持ってバグダードに行き、ブワイフ朝の王に献上します。ところが、王はあまり興味を示しませんでした。

その後、完成した『シャー・ナーメ』をガズナ朝のマフムード王に献上しますが、やはり評価を得られませんでした。マフムードを批判したフィルドゥーシーは追放されて放浪しますが、最後は許されてトゥースに戻っています。『シャー・ナーメ』は後世になって評価され、現在は、ペルシア文学の最高傑作と呼ばれています。

# chapter 6

# サファヴィー朝

## モンゴルが攻めてきた

アラー・アッディーン・ムハンマドがアフガニスタン中央部に進出していたころ、モンゴル高原では、テムジンがナイマン族やメルキト族などのモンゴル系民族を制圧していきました。

1206年、モンゴル高原の統一を果たしたテムジンは、モンゴル帝国の成立にともないチンギス・ハンと名を改めました。1215年には南の金《きん》を攻めて都の燕京《えんけい》（現在の北京）を攻め落とし、さらに西遼にも侵攻して併合します。

そして1218年、チンギス・ハンはホラズム・シャー朝に通商を求める使いを送りました。ところが、ホラズム・シャー朝の代官は使いを殺します。

これをきっかけに、チンギス・ハンはみずから軍を率いて中央アジアへ遠征しました。モンゴル帝国の大軍はホラズム・シャー朝の都市を次々と攻略し、アラー・アッディーン・ムハンマドは西へ逃亡します。

1220年、モンゴル軍はサマルカンドに入って町を徹底的に破壊し、多くの住民を

## 1224年のモンゴル帝国の版図

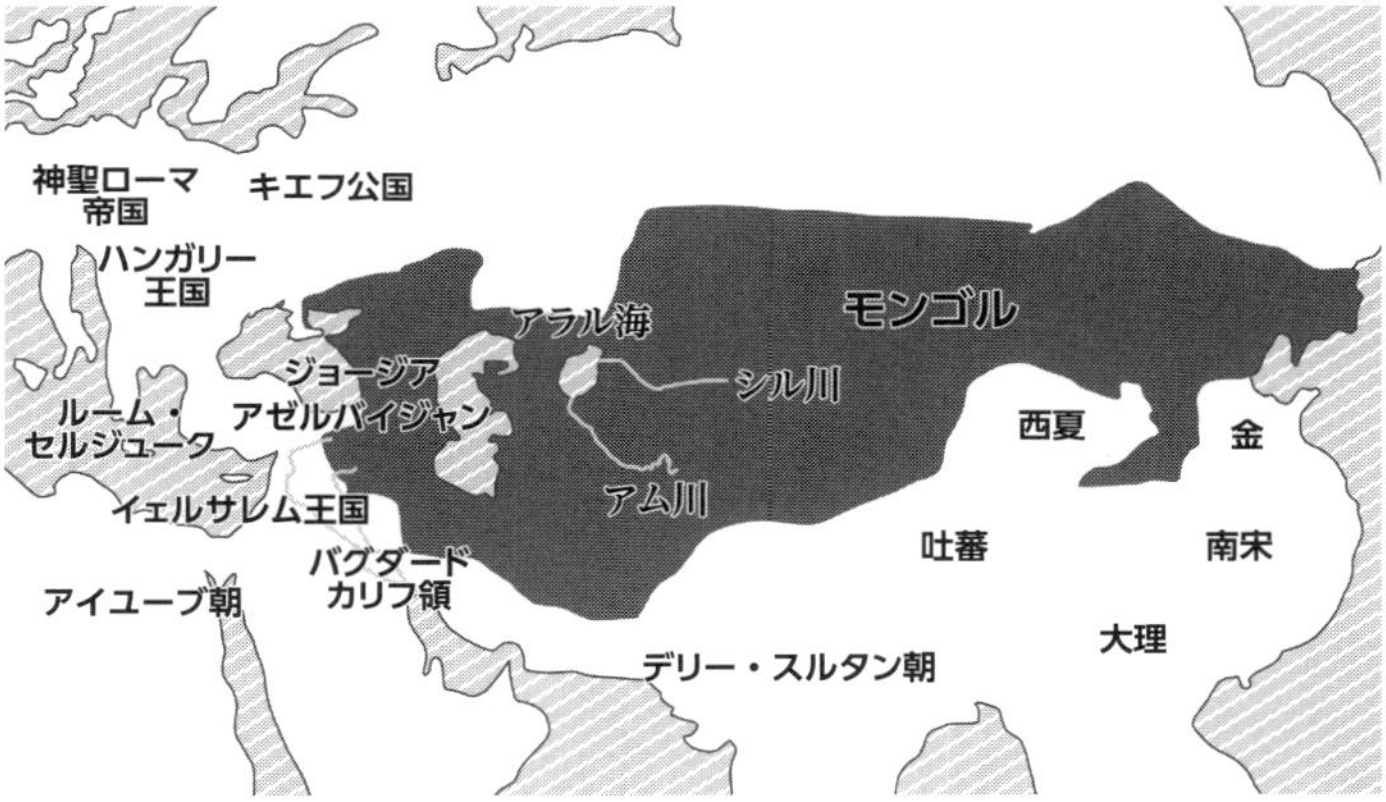


殺しました。この年の暮れ、アラー・アッディーン・ムハンマドは失意のうちに病死しました。
翌年、モンゴル軍はホラサンに攻め込み、統制がとれなくなったホラズム・シャー朝は崩壊しました。ただ、アラー・アッディーン・ムハンマドの子ジャラール・ウッディーンだけはアフガニスタンやインドで抵抗を続けました。彼は1224年にインドからイランに戻り、アゼルバイジャンを拠点とします。
その後、ジャラール・ウッディーンは、モンゴル軍と戦ったり、ジョージアに遠征したりしました。その勇壮ぶりには、チンギス・ハンも感心したといわれます。

チンギス・ハンが１２２７年に死去すると、モンゴル軍は一時的に撤退しました。

ジャラール・ウッディーンは、シリア地方の支配をめぐってエジプトのアイユーブ朝やアナトリアのルーム・セルジューク朝と対立し、１２３０年に両王朝の連合軍と戦いますが、敗れました。

１２３１年、モンゴル帝国の2代皇帝オゴディ・ハンが、ふたたびアゼルバイジャンに攻め込みました。ジャラール・ウッディーンはモンゴル軍に追撃され、逃亡中にディアルバクルでクルド人に殺されます。彼の死によって、ホラズム・シャー朝は滅亡しました。

## バトゥとフラグ

オゴディ・ハンは、１２３４年に金王朝を滅ぼすと、西

### そのころ、日本では？

ホラズム・シャー朝が滅んだ翌年、日本では鎌倉幕府の３代執権・北条《ほうじょう》泰時《やすとき》が御成敗式目《ごせいばいしきもく》を制定しました。御成敗式目は武家社会の慣習や道徳が基準となり、御家人や守護・地頭などの身分と職制、また裁判や家族制度の規定もふくまれていました。

方への侵攻を本格化させます。遠征軍の指揮をとったのは、オゴディ・ハンの甥にあたるバトゥでした。

1236年、バトゥ率いるモンゴル軍は、ヴォルガ河畔からロシア方面に侵入してキエフを攻略、さらに周辺の都市を占領していきました。一連の戦いで、カザフ草原や北コーカサス地方の民族はすべてモンゴル帝国の支配下となります。

遠征軍の一部はドイツやポーランド方面に向かい、1241年にワールシュタット（リーグニッツ）の戦いでドイツ・ポーランド軍を破りました。

ところがこの年、オゴディ・ハンが急死して、遠征軍に帰還命令が出ました。バトゥはモンゴルに帰ろうとしますが、不仲だったクユク・ハンが第3代皇帝として即位することが決まるとこれに反発し、南ロシアにとどまりました。

1243年、バトゥはキプチャク・ハン（ジョチ・ウルス）国を建てて独立し、ロシア人やトルコ系のキプチャク人らを支配下に置きました。ロシア人が少数のモンゴル人によって支配されるこの状態を、のちにロシアでは「タタールのくびき」と呼び、発展の遅れにつながったと考えられるようになりました。

## アッバース朝がついに滅亡

クユク・ハンが1248年に死去すると、バトゥは親戚のジョチ家、トゥルイ家と組んで、トゥルイ家のモンゲをモンゴル帝国の第4代皇帝につけました。

1253年、モンゲは弟のフラグに西アジア攻略を命じました。フラグは1256年にシーア派の暗殺教団を滅ぼし、1258年にバグダードへ攻め込みます。

当時のバグダードには、アッバース朝のカリフ一族がいましたが、抵抗することなく制圧され、一族はことごとく処刑されます。こうして、約500年続いたアッバース朝はついに滅亡しました。

1259年にモンゲが死去すると、モンゴル帝国では後継者争いが起こりました。フ

ラグはモンゴルへ帰らず独立を選択し、翌年にイル・ハン国を建てました。以後、イランはモンゴル人に支配されます。

## 西ではマムルク朝が誕生

さて、ここまで13世紀のなかばごろのイランとその周辺の情勢について説明してきました。イランの東側はモンゴル帝国の侵攻で大きく勢力図が変わりましたが、西側ではアイユーブ朝が存続していました。

エジプトやシリアなどを支配したアイユーブ朝は、12世紀にサラーフ・ウッディーンによって建てられました。彼は十字軍との戦いに明け暮れ、一時はイェルサレムを占領したことから、イスラム教世界では「英雄」と呼ばれました。

しかし、1193年にサラーフ・ウッディーンが死去すると、以後はジャラール・ウッディーンや十字軍との戦いに加え、後継者争いも起こって勢力が衰えていきます。

1249～50年、フランス王ルイ9世が攻め込んでくると、マムルクを率いた将軍バイバルスがこれを撃退しました。ただ、スルタンが死去してアイユーブ朝の内部で後継者争いが起こり、マムルクは前スルタンの妻シャジャル・アッドゥルをかつぎ出して、クーデターを起こしたのです。こうして、マムルク朝が建てられました。

## 南北とは敵対、東西とは交流

イル・ハン国は、北のキプチャク・ハン国（ジョチ・ウルス）や南のマムルク朝とははげしく対立しました。その理由は、領土争いとアッバース朝を滅ぼしたことでした。

キプチャク・ハン国は、モンゴル人の国ですが、早くからイスラム教を国教としていました。そのため、イスラム教で高い権威をほこるアッバース朝を滅ぼしたイル・ハン国を敵とみなしたのです。

また、バグダードを追われたアッバース朝のカリフは、マムルク朝に保護されていました。ただし、フラグ自身はイスラム教の信仰に対しては寛容で、ラマダーン（断食月）などの慣習や行事の時期を知るために必要な天文台も建設しています。

南北と敵対したイル・ハン国は、東に位置するチャガタイ・ハン国と、西に位置する東ローマ帝国とは友好関係を保ちました。

13世紀後半の勢力図

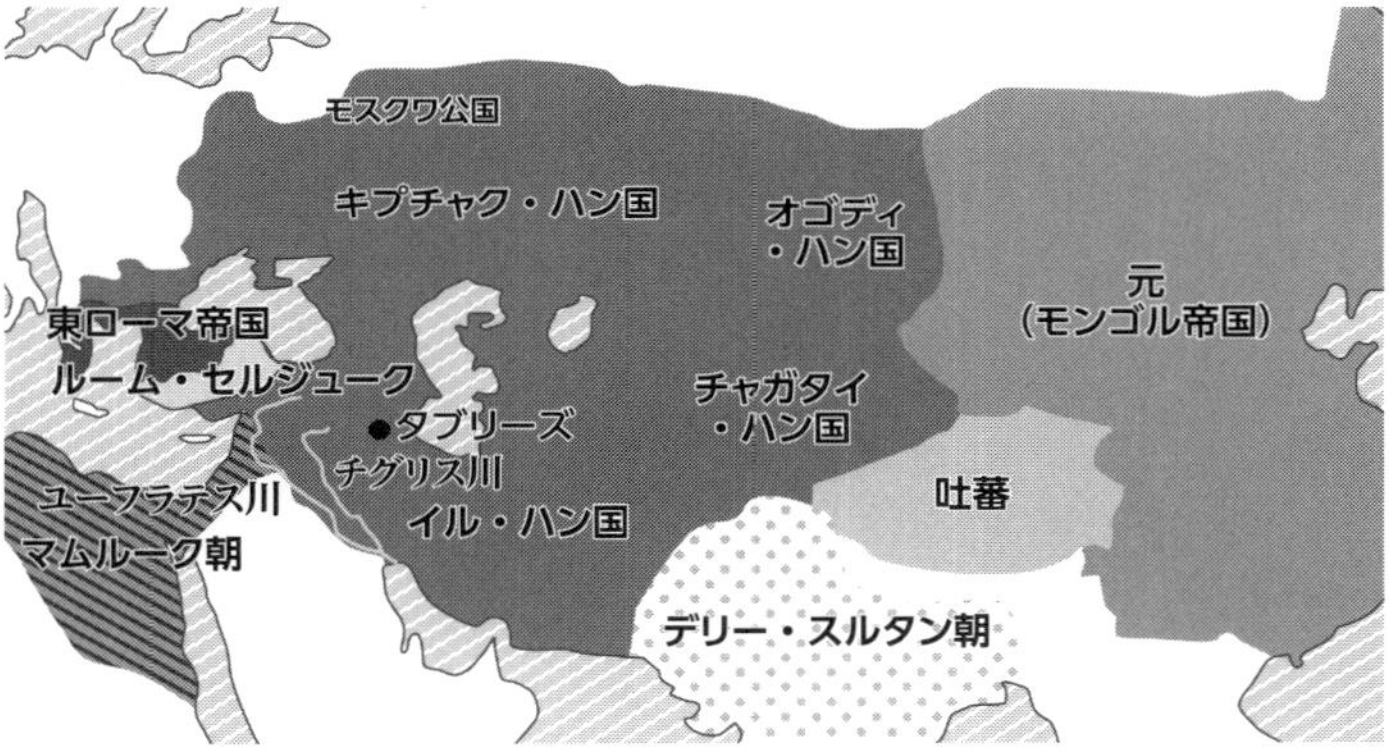


とくにチャガタイ・ハン国に対しては、「本家」であることを認めました。東ローマ帝国を通して、ヨーロッパに対しても友好関係の樹立を呼びかけ、さかんに交流しました。このころ、イル・ハン国の首都タブリーズには、ローマ教皇やフランス国王の使いのほか、ヴェネツィアの商人マルコ・ポーロも訪れています。

## 増税して駅をつくる

イル・ハン国では、モンゴル人の支配のもとで、アラブ人やトルコ人が生活していました。彼らはいずれも遊牧民で、人が定住する国の行政に慣れていませんでした。

そんななか、各地に住んでいたイラン人は官僚として登用されました。

イラン人は支配される立場でしたが、もともとこの地で長く生活してきたこともあって伝統や文化が根づいており、イル・ハン国はしだいにイラン化していきます。アラビア語で書かれていた公文書は、ペルシア語で書かれるようになりました。

また、イル・ハン国では、モンゴル人を中心とする軍隊が編成されました。そのため、王家は各地の部族の反発を抑え、つなぎ止めることに力をそそぎました。各部族のリーダーは、王家に招かれて有力者たちによる会合（クリルタイ）に参加し、恩賞を受け取っていました。

王家は各地の情報を集めるため、宿舎や交通拠点（駅）を設置していきました。この制度をジャムチといいます。駅の設置にあたり増税が行われたため、庶民の不満は大き

## そのころ、日本では？

モンゴル帝国は1271年に国号を元《げん》とし、1274年と1281年に九州北部を攻めます。鎌倉幕府の８代執権・北条時宗《ほうじょうときむね》がこれに対応し、元軍は暴風雨もあって撤退しました。その後、北条氏の専制体制が強化されましたが、元軍と戦った御家人たちは恩賞が少ないために不満をいだきました。

くなっていきました。

## イクター制が復活

1295年、イル・ハン国の王に即位したガザン・ハンは、イスラム教を信仰するイラン人が多いこともあり、その支持を得るために改宗しました。その2年後、イラン人医師のラシード・アッディーンを宰相とし、行政改革にあたらせました。

ラシード・アッディーンは人頭税から土地税に改め、土地の持ち主に税金が課せられることになりました。また、軍人に対しては土地の管理権を認める代わりに税金を取り立てる「イクター制」を復活させました。

ふたつの政策は、国家の収入を安定させるとともに、王への忠誠を強める狙いがありました。

ガザン・ハンの改宗とラシード・アッディーンの改革によって、イル・ハン国では20年以上も安定した体制が維持されました。ラシード・アッディーンは歴史家でもあり、モンゴル史をはじめとする歴史書を書きました。この歴史書には、ミニアチュールという細密な絵が描かれました。

イスラム社会では偶像崇拝を禁じていますが、イル・ハン国にはこうした規制がなかったため、芸術も発展しました。

## 大分裂！

ガザン・ハンが１３０４年に死去すると、弟のオルジェイトゥ・ハンが後を継ぎました。ラシード・アッディーンは引き続き宰相を務めていましたが、１３１６年にオルジェイトゥ・ハンの死去にともなって政敵との抗争が起こり、２年後に処刑されました。

以後、イル・ハン国の政治は混乱し、さらにキプチャク・ハン国やマムルク朝が領土に侵入しはじめたことで弱体化していきます。

１３３５年、国王アブー・サイードが死去すると、フラグ以来続いていたモンゴル帝国の王家の後継者がいなくなりました。

このあと、イル・ハン国は分裂します。ファールス地方を中心にイラクやケルマーンを支配したムザッファル朝、バグダードやアゼルバイジャンを支配したジャライル朝、

14世紀なかばの勢力図

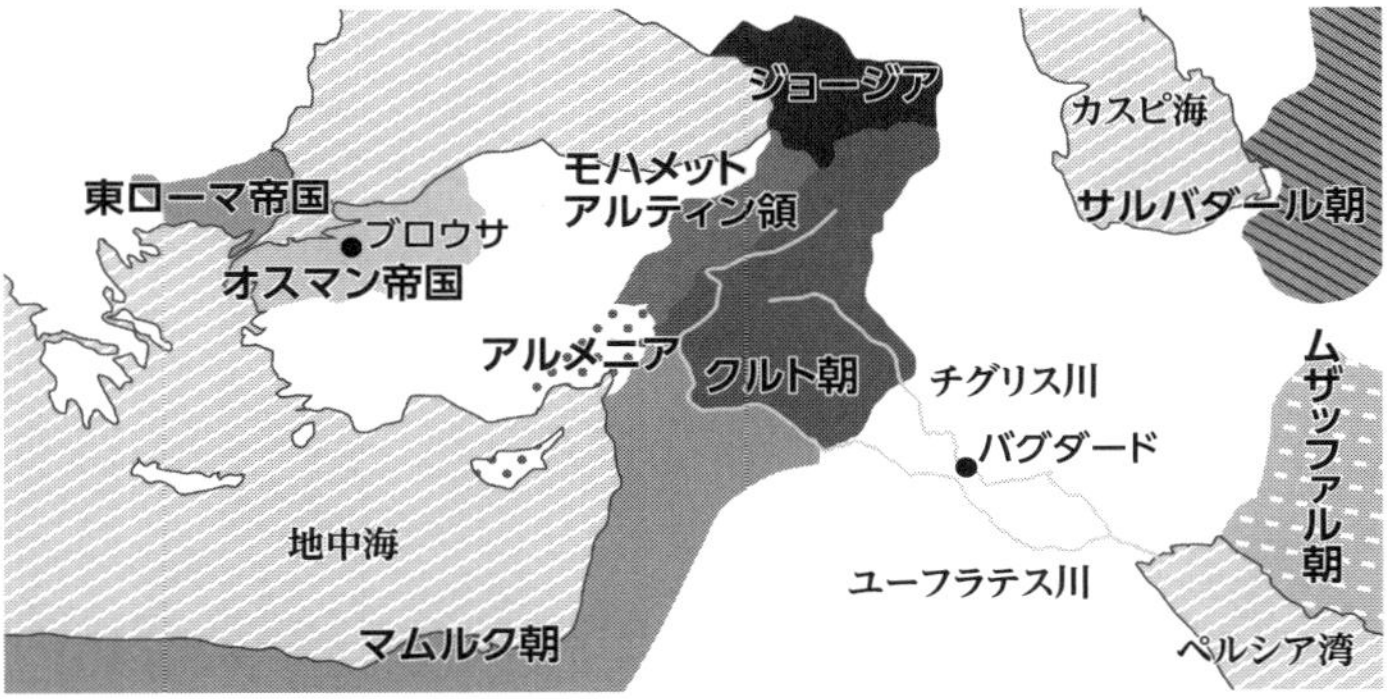


ヘラートとその周辺を支配したクルト朝、ホラサン地方に成立したサルバダール朝など、有力者たちが争う事態になりました。

## オスマン帝国がヨーロッパに侵攻

イル・ハン国が混乱しはじめた14世紀の初頭、アナトリア地方で新たなイスラム教国が勢力を拡大し、東ローマ帝国を攻めたてていました。

その国の名は、オスマン帝国といいます。13世紀末にトルコ系民族のオスマン1世が組織した武装集団を起源とし、周辺の部族と戦いながら支配地域を広げていきました。

1326年には、東ローマ帝国の地方都市ブロウサを占拠して首都とし、イスラム法学者を集めて国の体制を整えました。

14世紀の後半になると、オスマン帝国は東ローマ帝国の都市アドリアノープルを占領し、さらにバルカン半島へと進出しました。そのころ、チャガタイ・ハン国でも王位をめぐる争いが起こり、国土が東西に分裂します。

1370年ごろ、西チャガタイ・ハン国出身の軍人ティムールが、サマルカンドを都としてティムール帝国を建てました。領土の拡大を狙うティムールは、14世紀の後半に中央アジアから西アジアにかけて侵攻をくり返しました。最終的にはアフガニスタン、イラン高原、イラク、シリア、アゼルバイジャン、北部インドなどを制圧します。

ティムールは、広大な支配地域に王子や一族、戦争の功労者を知事として派遣します。この体制は、「財産は一族のものとする」という遊牧民の考え方がとられていました。

1398年にインドのデリーを占領したティムールは、翌年からシリアを攻めます。このとき、オスマン帝国軍とも交戦しました。1402年のアンカラの戦いではオスマン帝国に大勝して、その勢力を壊滅させています。

1405年、ティムールは明王朝への遠征中に死去しました。その直後から知事たちが後継者争いをはじめ、帝国はゆらいでいきました。

## 白羊と黒羊

ティムール帝国が混乱していた1408年ごろ、アナトリア東部からアゼルバイジャン、シリア、イラク、イラン高原西部あたりも、複数の勢力が争う状況が続いていました。

そのなかに、ロシアから南下してきたトルコ系の遊牧民が新しい国家を建設しました。アルメニア東部に成立した白羊朝《はくようちょう》（アクコユンル）と、アゼルバイジャンを中心に成立した黒羊朝《こくようちょう》（カラコユンル）です。ふたつの国家は対立関係にあり、ティムール帝国との関係は対称的でした。白羊朝が友好関係を築いたのに対し、黒羊朝は敵対しています。

黒羊朝のカラ・ユースフは、1419年にティムール帝国と戦いながらイラン中央部まで進出しました。翌年、ティムール帝国で後継者争いから抜け出したシャー・ルフが、黒羊朝と戦い、奪われた領土を取り戻しました。その後も黒羊朝と白羊朝が戦ったり、黒羊朝がシャー・ルフの支配下になったりして戦乱が続きます。

１４４７年にシャー・ルフが死去すると、ティムール帝国はますます混乱しました。やがて、オスマン帝国やマムルク朝に敗れたティムール帝国は、アナトリアやシリアなどで領土を失い、その領土は、中央アジア方面に縮小されます。

## ウズン・ハサンの大躍進

白羊朝と黒羊朝の対立は、ティムール帝国の衰退後も続きました。白羊朝は一時黒羊朝の支配下に置かれますが、１４６７年にウズン・ハサンが黒羊朝との戦いに勝利して、形成は逆転します。

このあと黒羊朝は2年足らずで衰退し、ウズン・ハサンはイラン中央部まで領土を広げました。さらにティムール帝国を追いやって、イラン高原の西部も獲得しました。

一方、１４５３年に東ローマ帝国を滅ぼしていたオスマン帝国は、勢いに乗るウズン・ハサンに対して危機感をもちます。

そして１４７３年、オスマン皇帝メフメット2世がみずから軍を率いて、ウズン・ハサンと戦い勝利しました。戦後、両国は講和条約を結び、ユーフラテス川を国境とすることを約束します。

１４７８年、ウズン・ハサンが死去すると、白羊朝では後継者争いが起こり、弱体化していきました。

白羊朝の最大版図（1469年ごろ）

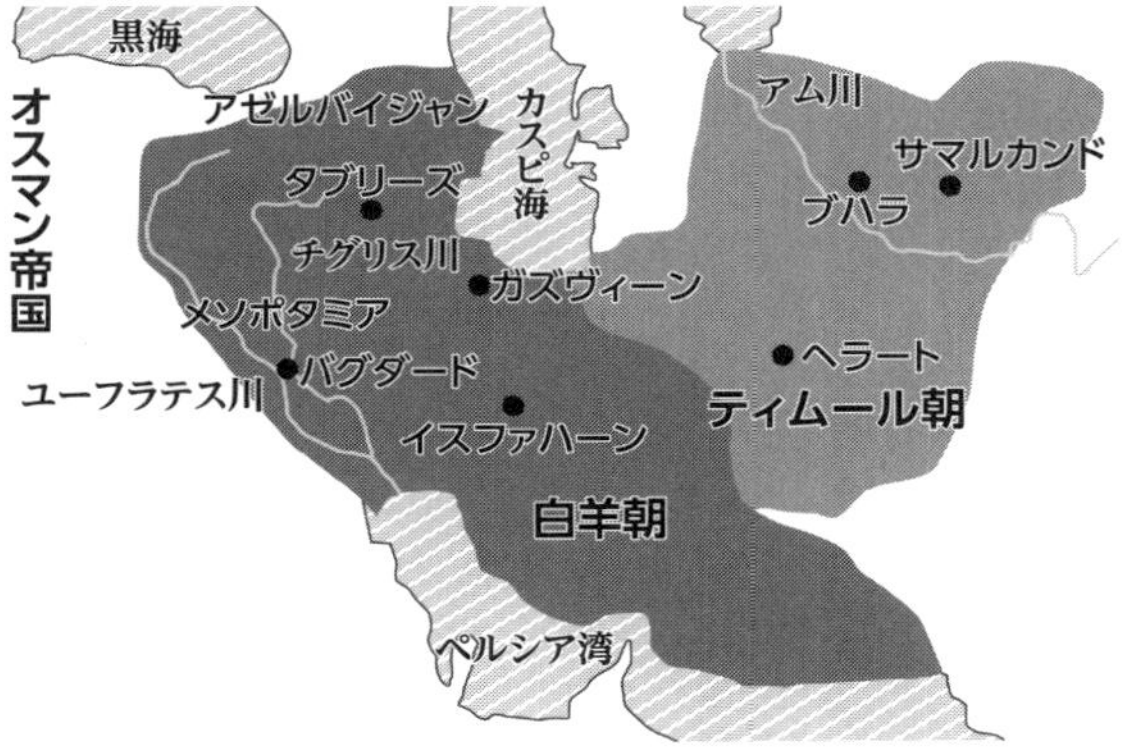


## サフィーの家の者たち

イランとその周辺でティムールや白羊朝、黒羊朝が争っていた時代、イラン北西部にはまた別のイスラム教勢力が存在していました。

その勢力は、スンナ派ともシーア派とも異なるサファヴィー教団です。イラン北西部で生まれたサフィーという人物が14世紀に立ち上げたこの教団は、多くの信徒を集めて寄付をつのり、それをもとにトルコ系民族の兵士をそろえていきました。サファヴィーとは「サフィーの家の者たち」という意味です。サファヴィー家は代々教主の座を継いでいきました。

15世紀のなかばになると、サファヴィー教団は「戦う教団」として知られるようになりました。サファヴィー教団の兵がターバンに赤い印をつけていたことから、「キジルバシ（赤い頭）」とも呼ばれました。

サファヴィー教団は、白羊朝や黒羊朝と領土をめぐって対立しました。

## サファヴィー朝がイランを統一

１４９４年、サファヴィー教団のイスマーイールが教主になりました。その5年後、イスマーイールは白羊朝の混乱に乗じて兵をあげ、１５０１年にタブリーズを攻め落としました。イスマーイールは、この地でサファヴィー朝を成立させ、アナトリアからシリア、イラクにいたる地域の統一を果たしました。

一方、中央アジアではトルコ人とモンゴル人の両方の血を引くシャイバーニーが、1507年にティムール帝国を滅ぼしました。シャイバーニーは、中央アジアからイラン東部のホラサン地方へと進出し、シャイバーニー朝を建てました。

1510年、ホラサンのメルブの近くでサファヴィー朝とシャイバーニー朝の軍が激突し、最終的にサファヴィー朝が勝利したことで、ついにイラン全域が統一されました。トルコ兵の中でおもだった者は、王朝から征服した土地を分け与えられ、主従関係を結びました。

そして、この王朝においてもイラン人は各地で官僚（タージーク）として働き、裁判官となったり、給料の支払いや税の取り立てを行ったりしました。タージークとは、イラン高原の各都市に定住するペルシア語を話す人びとを意

## そのころ、日本では？

1507年、室町幕府の管領《かんれい》であった細川政元《ほそかわまさもと》が暗殺されました。実子のいない政元の後継をめぐって、澄之《すみゆき》、澄元《すみもと》、高国《たかくに》の３人の養子が争い、長い戦いの末に高国が勝ち残ります。ただこの高国も、1531年に澄元の子・晴元《はるもと》と戦って敗れ、自害しました。

味する言葉です。

なお、イラン人はあくまでも与えられた立場で仕事をこなすだけで、王朝に対する忠誠心はなかったといわれています。

## イスマーイールのヤケ酒

サファヴィー朝がイランを統一したことで、隣国のオスマン帝国は警戒を強めました。オスマン帝国はスンナ派を国教としており、十二イマーム派を国教とするサファヴィー朝とは相容《あいい》れない関係でした。

オスマン帝国は、サファヴィー朝に対抗するために火器を用いた戦術を採用し、イェニチェリという新しい軍団を組織しました。これによって、もともとオスマン帝国に兵士として雇われていた遊牧民たちは、同じトルコ系の軍人が活躍するサファヴィー朝へと移っていきます。

1514年8月、アナトリア東部のチャルデランで、オスマン帝国軍とサファヴィー朝軍が激突し、オスマン帝国軍が大勝しました。オスマン帝国軍はさらに進んでタブリーズに攻め込みますが、キジルバシの騎馬軍団に反撃されて撤退しました。

一方、領土をあまり失わなかったサファヴィー朝でしたが、戦争で敗れたことで、イスマーイールの権威が失われ、キジルバシの忠誠度が下がりました。やがてキジルバシは、それぞれが独立勢力としてふるまうようになります。サファヴィー朝の宗教的な権威も失われました。

このあと、自信をなくしたイスマーイールは軍事行動をしなくなり、1524年に死ぬまでの10年間、狩猟と飲酒にふけったといわれています。

## 奮闘する王子

イスマーイールが死去したあと、子のタフマースブ

が10歳でサファヴィー朝のシャーとなりました。すると、キジルバシの有力部族が軍人の最高位である「大アミール」をめぐって争いはじめます。この混乱に乗じて、オスマン帝国やシャイバーニー朝が攻め込んできました。

防戦するばかりのタフマースブでしたが、１５３３年に成人するとキジルバシの有力者を処刑するなどして、ふたたび権威を取り戻しました。翌年には首都のタブリーズをはじめとする多くの領土を失いますが、それでもゲリラ戦にもち込むなどしてしぶとく抵抗しました。１５４０年には首都をタブリーズからアゼルバイジャンとホラサンの中央部に位置するガズヴィーンに移しました。

１５５３～54年、タフマースブはオスマン帝国軍をついに撃退し、１５５５年にオスマン帝国と講和条約を結びました。この条約でサファヴィー朝はイラクなどを失ったものの、タブリーズやアフガニスタンなどは守りぬきました。

## 滅亡の危機

その後もオスマン帝国との対立は続きますが、タフマースブはコーカサス地方に攻め

## サファヴィー朝とオスマン帝国の戦い

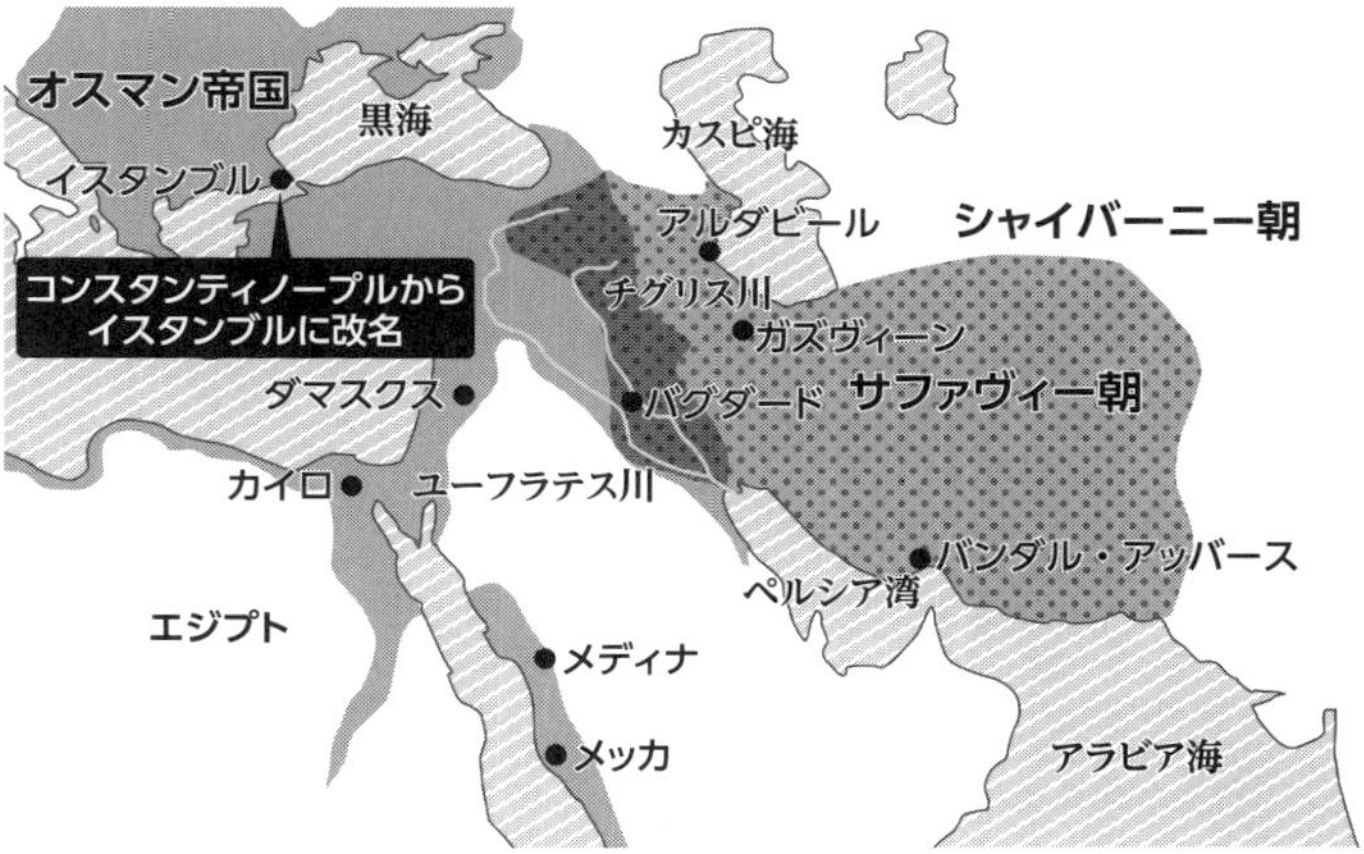


込み、多くの奴隷を獲得するなどの戦果を挙げて自信を回復しました。
コーカサス地方で獲得した奴隷は「王の奴隷」として近くに置き、重用する者もいました。これは、イラン人でもトルコ人でもない人びとを取り立てることで、国内の勢力バランスを整える意図があったともいわれます。数々の難局を乗り切ったタフマースプは、1576年に死去しました。
後継者をめぐる混乱の末、シャーになったイスマーイール2世は、有力者を次々に殺害したあげく、2年目に急死しました。
イスマーイール2世の後を継いだ兄のムハンマド・ホダーバンデは、政治に興味を示しませんでした。そのため、キジルバシたちが勢力争いをはじめます。このとき、ムハンマド・ホダーバンデの妻マフディー・アウリヤーが、キジルバシに殺されました。

サファヴィー朝の政治が混乱するのを見たオスマン帝国は、すぐさまアゼルバイジャンに攻め込み、この地域を占領しました。

## アッバース1世の改革

オスマン帝国にアゼルバイジャンを奪われたころ、サファヴィー朝の王子であるアッバースは、ホラサンのヘラートにいました。当初はキジルバシの意のままに操られていましたが、1587年にキジルバシとともにガズヴィーンに入り、父親のムハンマド・ホダーバンデから王位を譲り受けました。

### そのころ、日本では？

アッバース1世が即位した1587年、日本では、関白《かんぱく》・豊《とよ》臣秀吉《とみひでよし》が九州の島津《しまづ》氏を降伏させ、西日本が平定されました。おもに九州で信仰されていたキリスト教を警戒した秀吉は、同年に宣教師を国外追放する「バテレン禁止令」を出しています。

その直後、アッバース1世は後見人だったキジルバシを殺し、みずからの意思で政治を行うことにしました。

まず、敵対していたシャイバーニー朝やオスマン帝国との関係改善に努めました。続いて行ったのは軍制改革です。キジルバシを頼ったせいで彼らの増長を許した反省から、自分で軍人を選び、近衛兵団を組織しました。

近衛兵には国王から給料が支払われることになりました。アッバース1世は、キジルバシの有力者に与えられていた知事の役職を取り上げ、直接支配するようになりました。

さらにアッバース1世は、新たに鉄砲や大砲などを導入し、専門に扱える兵を集めます。このとき、多くのイラン人が採用されました。

こうして敵と友好関係を築きつつ、反撃の準備を進めていったのです。

## 奪われた土地を取り戻す

軍備が整った1597年、アッバース1世は首都をガズヴィーンからイラン高原中央のイスファハーンへと移すことを決定します。翌年にかけて、イスファハーンには新たな宮殿が建てられ、「王の広場」やモスク、マドラサなどもつくられました。

そんななか、シャイバーニー朝のアブドゥッラーフ2世が死去したとの情報が入ってきました。アッバース1世はすぐさまシャイバーニー朝に攻め込み、数十年ぶりにホラサン地方を取り戻しました。

さらに1603年、アッバース1世はオスマン帝国との戦いにも勝利し、アゼルバイジャンやコーカサス地方を取り戻しました。勢いに乗ったアッバース1世は、さらにバグダードをふくむメソポタミア地方にも進出して併合します。1623年にはバグダードを占領し、サファヴィー朝は建国当初の領土を回復したのです。

アッバース1世は戦略的な外交を行い、「敵の敵は味方」といわんばかりにオスマン帝国と敵対するイギリスやフランスなどと友好関係を築きました。

ホルムズ海峡をめぐっては中東エリアに進出してきたポルトガルと対立しますが、同盟を結んだイギリスがポルトガルと戦って勝利しました。その結果、サファヴィー朝はホルムズ海峡にも進出して、ペルシア湾に面するバンダル・アッバース港が建設されました。この港は、インド洋貿易の拠点となり、新たな収入をもたらします。

## 新首都が大繁栄

アッバース1世が整備した新首都イスファハーンには、学者や学生が集まり、バザール（市場）が開かれました。インドやヨーロッパからもたらされた物品も売買されるようになり、商業都市として発展していきます。

さらに、イスファハーン周辺の道路も整備され、各地にキャラバンサライ（隊商宿《たいしょうしゅく》）が建設されました。サファヴィー朝の外からも人が集まったことでイスファハーンの人口は急増し、世界屈指の人口をほこる大都市となります。この当時のイスファハーンは、「世界の半分」と呼ばれました。

サファヴィー朝の地方の地主たちは、工芸品の生産に力をそそぎ、イスファハーンで売りさばきました。当時つくられたとされる繊細な絨毯や織物は、現在もイスファハーンに残

されています。

とくに人気を博した工芸品は、絵画と書道でした。イスラム教では偶像崇拝が禁止されていますが、イスファハーンでは人物像が描かれるようになり、ナスターリーク（ファールシー体ともいいます）という流麗《りゅうれい》な書体もつくられました。この書体はインドやオスマン帝国でも流行し、現代まで受け継がれています。

なお、サファヴィー朝はイスラム教の教えや慣習を広めることで、多民族にまとまりをもたせ、対立が起こりにくくなるよう仕向けたとも考えられています。

## 有能でない後継者

アジアやヨーロッパからイスファハーンに人が集まっていたころ、サファヴィー朝の対外関係は安定していました。しかし、1629年にアッバース1世が死去して以降は、とくに国内政治が不安定になっていきます。

アッバース1世の後を継いだ孫のサフィー1世は有能とはいえず、即位の際に後継者に名乗り出た一族をまとめて殺したり、祖父の代から仕えていた将軍を処刑したりして、評判を落としました。

さらにオスマン帝国との戦いに敗れ、1638年にはバグダードを奪われます。翌年にオスマン帝国と結んだ条約により、サファヴィー朝はイラクを失いました。その後も周辺国の侵入をたびたび許し、領土は小さくなっていきました。

領土を失うなかで、サフィー1世はジョージアを支配下にとどめるため、ジョージア人の多くが信仰するキリスト教に対して寛容な態度をとります。しかし、首都イスファハーンに教会や聖堂を建てたことで、イスラム教徒の反発を招くことになりました。

## サファヴィー朝はなぜ衰えたのか

優秀なアッバース1世は、内政において「適材適所」を

### そのころ、日本では？

サファヴィー朝がオスマン帝国にバグダードを奪われた1638年、日本では島原・天草の乱が終結しています。老中の松平信綱《まつだいらのぶつな》を総大将とする幕府軍の総攻撃により、原城に立て籠《こも》った天草四郎《あまくさしろう》以下、一揆軍はみな殺しになったといわれています。

徹底しており、イラン人は官僚として、トルコ系民族は軍人として活用しました。得意分野を活かした職務分担により、安定した統治が実現したのです。

ところがサフィー1世以降、シャーと臣下の個人的な忠誠関係が重視されるようになりました。その結果、シャーの死後に人事が一新されると、職を失ったり、処刑されたりする者が出て、内政や外交が不安定になっていったのです。

18世紀になると、サファヴィー朝が派遣した知事に対し、地方の住民たちが反乱を起こします。その原因は、知事の能力不足だけでなく、国全体の経済が不調であったからと見られています。税収が足りなって兵士への給料の支払いが遅れると、治安が悪化します。この結果、住民の不満がつのっていきました。

１７０９年には、アフガニスタンでパシュトゥーン人のミール・ヴァイスが大規模な反乱を起こします。当時のサファヴィー朝のスルタンのフサインは、ミール・ヴァイスの独立を認め、ホータキー朝が成立しました。

さらに１７１４年、アラブ人の海賊がペルシア湾で暴れ回り、サファヴィー朝の貿易拠点だったバンダル・アッバース港も襲われます。このためインド洋貿易の収入が失われ、財政がさらにきびしくなりました。

## パンの値上がりから王朝崩壊

財政難の影響は王朝内にも広がり、1715年には高官たちが小麦を買い占めました。そのせいでパンが異常に値上がりして、首都イスファハーンで暴動が起こります。フサインは軍を出動させて暴動をしずめますが、体制は崩壊寸前でした。

同年、ホータキー朝のミール・ヴァイスが死去すると、子のマフムードが後を継ぎました。マフムードは近隣の部族をまとめ、サファヴィー朝と決戦に挑みました。

1722年、マフムードの軍がイスファハーンを包囲すると、フサインは降伏しました。サファヴィー朝の体制は完全に崩壊しますが、フサインの子タフマースブ2世が逃げのび、北部の都市ガズヴィーンでシャーを継いだことを宣言します。

すべての権力を失ったタフマースブ2世でしたが、軍事の才能をもつナーディル・シャーに支えられてマフムードに抵抗します。

以後しばらく、マフムードとタフマースブ2世の戦いが続きました。

## ナーディル・シャーの時代

サファヴィー朝の崩壊により、オスマン帝国やロシアがイランに侵入し、1724年には両者がイランの領土を分割する条約を結びました。オスマン帝国はタブリーズやハマダーンなどの西部の都市を奪い、ロシアはアゾフ海北岸に領土を獲得しました。

1725年、マフムードが死去すると、タフマースブ2世はイスファハーンを奪いかえしました。1730年にはマフムードの後を継いだアシュラフを捕らえて処刑し、タフマースブ2世はシャーへと返り咲きます。いずれも、ナーディル・シャーの多大な貢献がありました。

ところが1731年、タフマースブ2世がアゼルバイジャンへの遠征に失敗しました。すると翌年、ナーディル・シャーはタフマースブ2世の子のアッバース3世をシャーとして実権をにぎります。そして、東から侵入するアフガン人や、カスピ海の南部から侵入するロシアを立て続けに撃退しました。

1733年にはオスマン帝国の支配するバグダードを攻め、西の領土を回復しました。

さらに中央アジア方面にも進出して、10年にも満たないあいだに、サファヴィー朝時代の領土を取り戻したのです。

1736年、ナーディル・シャーはアッバース3世を廃位し、ついにみずからシャーとなりました。ここでサファヴィー朝は完全に滅び、新たにアフシャール朝が成立します。実力で大きな領土と権力を手に入れたナーディル・シャーには誰も抵抗できませんでした。

さらに、シーア派を信仰していたナーディル・シャーは、首都をかつてシーア派の拠点として繁栄したマシュハドに移し、聖堂の復興などを進めました。

ナーディル・シャーは冷酷な人物で、タフマースブ2世を暗殺したといううわさや、インドに遠征した際にデリーで3万人を虐殺したといううわさが流れました。部下に対してもきびしく接しており、それがもとで1747年に暗

## そのころ、日本では?

ナーディル・シャーが即位した1736年は、日本では江戸時代の中期にあたります。この年、享保《きょうほう》の改革が一段落し、徳川吉宗《とくがわよしむね》は小判の改鋳《かいちゅう》を行いました。金の割合が減ったことで貨幣の価値が下がり、一時的に物価が上昇したといわれています。

殺されました。

## アフガニスタンとイランで王朝が成立

ナーディル・シャーが死去したことにより、それまでおとなしくしていた有力者が次々と動きはじめました。

アフガニスタンでは、1747年にナーディル・シャーの部下だったパシュトゥン人のアフマド・シャー・アブダーリーが、みずからシャーになることを宣言しました。この王朝を、ドゥッラーニー朝といいます。

アフマド・シャー・アブダーリーはインドを攻め、当時インド北部を支配していたムガール帝国を服従させます。さらにカシミール、シンド（インダス川下流域）、パンジャブ（インダス川中・上流域）の西部などを占領しました。これは、現在のパキスタンの国土にあたります。

イラン高原西部では、1750年にザンド部族のカーリム・ハーン・ザンドがハマダーンで独立政権を打ち立てました。最初は200人程度の兵士しかいませんでしたが、

## 1747年ごろの西アジア勢力図

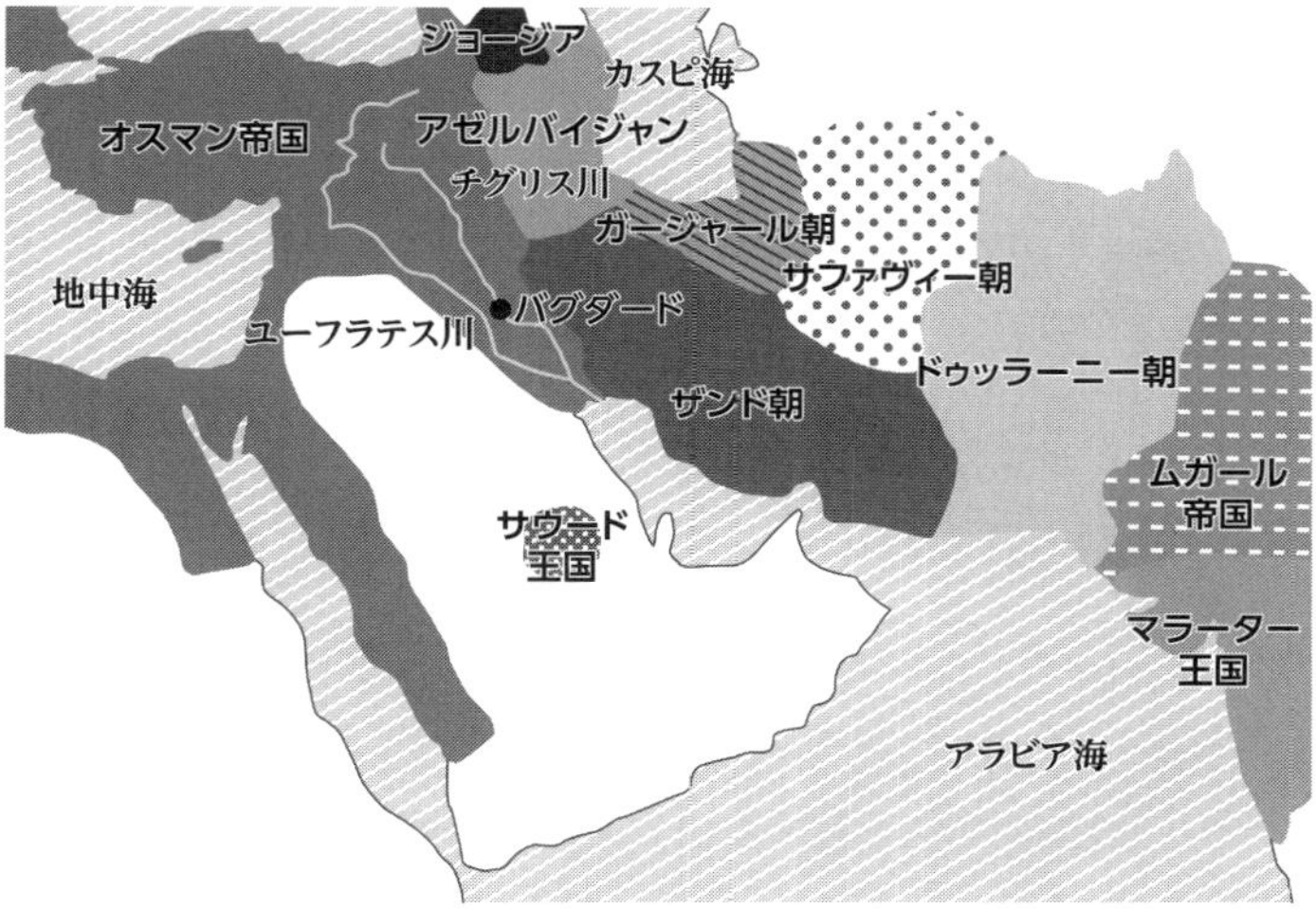


カーリム・ハーン・ザンドは周辺の有力者を味方につけて勢力を拡大し、1765年にはイラン高原の大半を統一しました。これをザンド朝といいます。
カーリム・ハーン・ザンドは、サファヴィー家の血を引くイスマーイール3世を王とし、自身はその代理人として実権をにぎりました。ザンド朝はインド洋を経由する商業活動を復活させて、一時的に繁栄しました。
しかし、1779年にカーリム・ハーン・ザンドが死去すると後継者争いがはじまり、ふたたび各地の有力者たちが争う時代に突入します。

ティムール朝の政治家・文人

# アリー・シール・ナヴァーイー

میر علی شیر نوایی

（1441 ～ 1501 年）

## 乳兄弟の君主と生涯の友情を保つ

ナヴァーイーは、ティムール朝の時代に、ホラサン地方のヘラートで官僚の子として生まれました。母がティムール朝末期の君主フサイン・バイカラの乳母となったことから乳兄弟として育ち、のちに宰相を務めました。

文学者としても知られたナヴァーイーは、チャガタイ語の文学作品を数多く残しています。叙事詩『イスカンダルの城壁』では、謙虚な道徳、寛容さ、正直さ、柔軟さ、知識の習得などの大切さを説き、逆に裏切りや貪欲さ、妬み、嘘、他人を傷つけることなどを否定しています。フサインの取り巻きである政治家を、この観点から強く批判することもありました。ナヴァーイーが死去したとき、フサインはナヴァーイーの家で３日喪に服したといわれます。

チャガタイ語の発展に貢献したナヴァーイーは、その系譜を継ぐウズベキスタンで高く評価されています。

chapter 7

# ガージャール朝

## ザンド朝が滅亡

ザンド朝内でゴタゴタが続いていた18世紀の後半、カスピ海の南西部にいたトルコ系民族ガージャール人のアーガー・ムハンマドが勢力を拡大しました。彼は多くの部族をひとつにまとめ、1787年に首都イスファハーンを攻め落とします。このとき首都をテヘランに定めました。

その後もアーガー・ムハンマドはイラン全域で戦いつづけ、1794年にザンド朝を滅ぼしました。1795年にはジョージアに進出し、領土を拡大しました。

1797年、アーガー・ムハンマドはシャーとなり、ガージャール朝が成立します。ところが翌年、彼は召使いに暗殺され、甥のファトフ・アリーが2代目のシャーとなりました。

ファトフ・アリーは、遊牧民の慣習にしたがった政治を構想しました。それまで官僚たちが作成していたむずかしい行政文書をやめて、簡単でわかりやすい表現を使うよう書記に命じました。また、新たな庁舎を建てず、テント小屋で仕事をしました。

なお、ファトフ・アリーは1798年に通貨ディナールの上の通貨単位として、「イラン・リヤル」を導入しました。このあともさまざまな通貨が登場しましたが、リヤルは20世紀にイランの法定通貨となって以降、現在も使われています。

## 新王朝の基礎固め

ガージャール朝の支配がおよんだのは、テヘラン周辺と地方の主要都市に限られました。それ以外は有力者が支配しており、地方に派遣された官僚は、有力者の助けを借りていました。ただ、有力者の中に飛び抜けた勢力はおらず、安定した統治体制が築かれていきます。

ガージャール朝が直接支配した土地は、シャーが所有する王領地、地方の地主が所有する私有地のほか、売買が一切禁止されている公共用地（ワクフ地といいま

す）の3種類に分類されていました。

農民のほとんどは土地をもたない小作人で、シャーや地主などの土地所有者の下で働きました。小作人は収穫量に対して4割くらいしか収入を得られず、苦しい生活をしていました。そのおかげで、麦や小麦などの穀物は自給できるようになりました。

一方で、テヘランをはじめとする都市には商人や手工業者が集まり、都市間を結ぶ交通網が発達し、経済活動はさかんになりました。

手工業者は衣料や雑貨などの日常生活に必要なものを生産していました。とくに絨毯は、シャーから一般の庶民まで、すべての人の生活必需品でした。

## ナポレオンが大暴れ

ガージャール朝の成立に前後して、ヨーロッパでは大きな動きがありました。

1789年、革命によってブルボン朝が倒されたのです（フランス革命）。そして、新たに誕生した革命政府のなかにいたナポレオンが、ヨーロッパ全域で軍事行動をはじめました。

ナポレオンは敵対するイギリスとの戦いのなかで、ロシアと組んでインドとの交易ルートを確保しよう考えました。そのルート上にあったのがエジプトとイランです。

１７９８年、ナポレオンはエジプトに遠征し、イギリスがもつ「インドへの道」を阻止する戦いをはじめました。エジプトを支配していたオスマン帝国はナポレオンに敗れますが、イギリス艦隊がナポレオン艦隊を破って、ナポレオンは撤退しました。

１８０１年、イギリスはナポレオンに対抗するためガージャール朝に接近し、同盟を結びます。ガージャール朝はナポレオンと敵対することになりました。

また、ふたたび南下してきたロシアとも緊張関係になります。１８０４年、ガージャール朝とロシアは、ジョージアの領有権をめぐって戦いました（第一次イラン・ロシア

## そのころ、日本では？

18世紀の末から、蝦夷地《えぞち》（現在の北海道）でロシア船がたびたび現れるようになり、幕府は国防のために蝦夷地の探索を進めました。1800年には、伊能忠敬《いのうただたか》が測量のため蝦夷地に渡っています。1808年には、間宮林蔵《まみやりんぞう》らが樺太《からふと》に派遣され、海峡を確認しました。

戦争）。ガージャール朝はイギリスの援軍を期待しますが、イギリスとロシアはナポレオンに対抗する同盟（対仏大同盟）を結んでおり、動きませんでした。

結局、ガージャール朝はロシアに敗れます。

## イランの地は駆け引きの材料

ヨーロッパの国際関係が移り変わるなか、ガージャール朝は、ナポレオンに接近します。1807年にフィンケンシュタイン協定を結ぶと、ガージャール朝はフランスの軍事支援を受けました。

ところが翌年、フランスとロシアが休戦すると、フランス軍はイラクの地から撤退します。ヨーロッパ諸国にとって、イランは駆け引きの材料でしかなかったのです。

1813年、ガージャール朝はロシアとゴレスターン条約を結びます。これによりカスピ海に面した都市を失い、ジョージアも支配下から外れました。

この条約の内容をめぐって、イスラム教の聖職者は、反ロシア感情を強めました。国境をどこにするのかという取り決めがなかったからです。

ガージャール朝の領土(1813年)

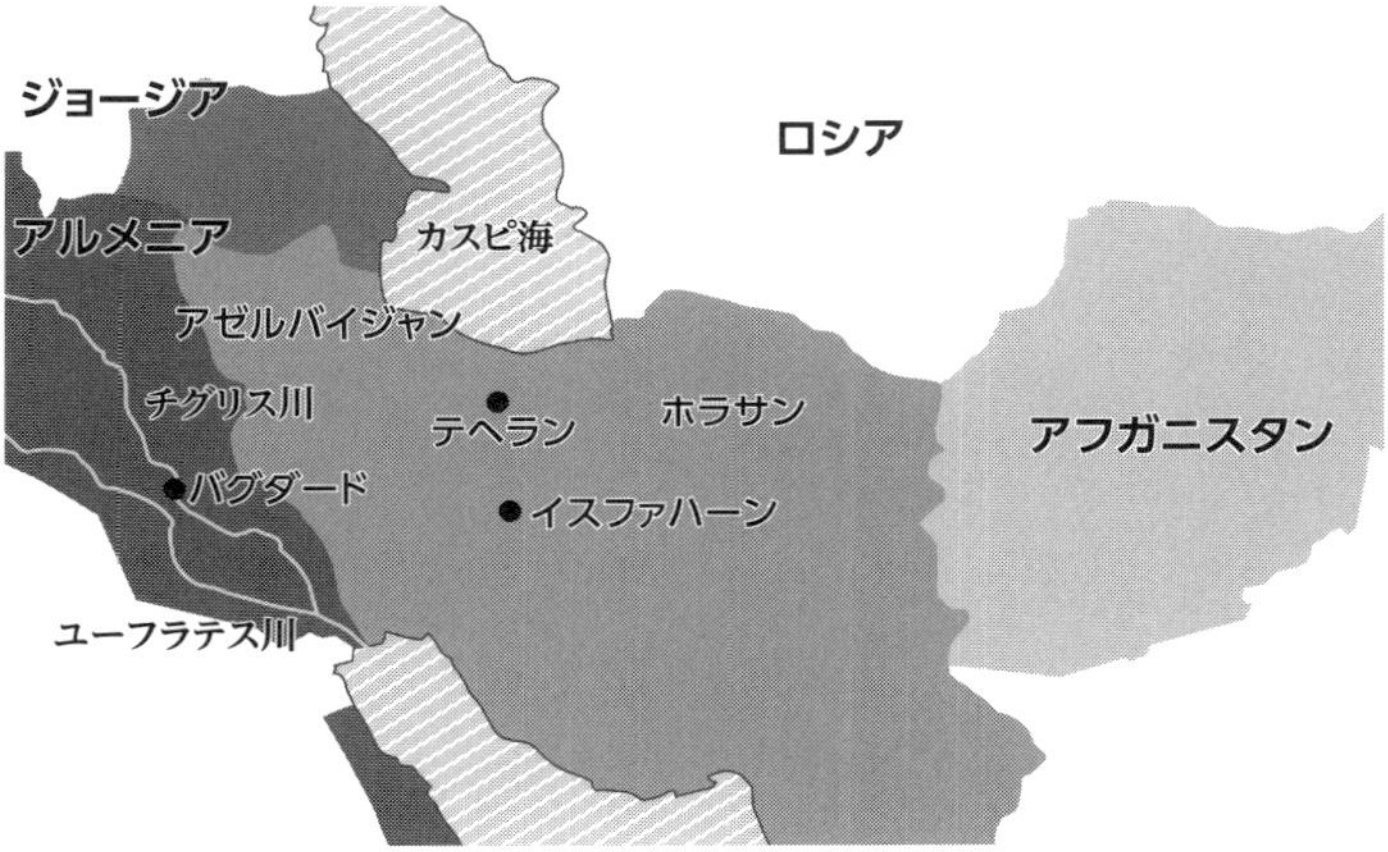


フランス革命で王政が倒れたことで、ヨーロッパでは国民という意識が広がっていましたが、遊牧民をルーツとするガージャール朝にはその意識が薄かったのです。

## 軍制改革

ガージャール朝がロシアに敗れた理由のひとつに、軍備の差がありました。

当時のロシアやフランスはもちろん、オスマン帝国でも大砲のような火器が普通に使われていましたが、ガージャール朝軍は、火縄銃を一部で使うのみでした。武器のほとんどは弓矢、槍、剣という旧式の装備だったのです。軍の中心はキジルバシ、つまり遊牧民の騎兵で、甲冑を身につける者はごくわずかしかいませんでした。

キジルバシの兵は訓練不足の者が多く、組織での戦いに不向きでした。有力者がそれぞれに集めるため給料もバラバラで、常備軍と呼べるものではありませんでした。

敗戦を重ねた反省から、ファトフ・アリーの子アッバース・ミールザーは軍の近代化に着手します。キジルバシを維持しつつも、新たに歩兵主体の部隊がつくられました。歩兵には最低限の給料が保障され、最新装備が採用されます。彼らはヨーロッパ人士官の下で訓練されました。また、軍事技術書による研究が進んだり、軍事工場が建設されていきました。

## 第二次イラン・ロシア戦争

1826年、ロシアがふたたび南下して、ガージャール朝との戦争がはじまりました（第二次イラン・ロシア戦争）。ガージャール朝軍は軍備を整えたにもかかわらず、またしても敗れ、1828年にトルコマンチャーイ条約が結ばれました。

この条約では、ガージャール朝の支配地とロシアの国境がアラス川とされました。アルメニアを取られ、賠償金も支払うことになるなど、さんざんな内容でした。さらに、ロシア人がガージャール朝の支配地で問題を起こした場合にロシアの法律で裁かれるという治外法権が認められ、輸入品にかける関税はガージャール朝が決められないという関税自主権の放棄が決定します。

首都テヘランでは、この不平等条約に不満を訴えた民衆が暴動を起こしました。この条約によって、イランの人びとは国境を意識するようになり、また列強への反発心を覚えました。

## アフガニスタンは誰のもの？

1833年、アッバース・ミールザーが死去

し、翌年にはファトフ・アリーも死去しました。後継者となったのは、アッバース・ミールザーの子ムハンマド・シャーです。

ムハンマド・シャーは、南下したいロシアの軍事的な支援を頼りに、かつて支配していたアフガニスタンを併合すると宣言しました。しかし、インド洋貿易の拡大を狙っていたイギリスが反対します。

一方で、中央アジアの領土をめぐってイギリスと対立したロシアは、ムハンマド・シャーを支持しました。ガージャール朝がロシアに近づいたことで、イギリスはイランとの関係を断ちます。

１８４２年、ムハンマド・シャーはロシアの支援を得て、かねてより狙っていたアフガニスタンのヘラートへ総攻撃をかけました。

ところが、アフガニスタン軍がはげしく抵抗してガージャール朝の軍は２０００の兵を失い、ロシア軍も苦戦したために作戦は失敗しました。

このころ、ガージャール朝は周辺国との国境を確定させていきました。１８４７年には敵対するオスマン帝国と第二次エルズルム条約を結び、国境が決定しました。現在のトルコとイランの国境は、ほぼこのときのままです。

## バーブの反乱

アフガニスタンの併合をめぐる問題が起こっていたころ、国内ではシーア派が政府への批判を強めていました。

1844年、シーラーズの商人セイイェド・アリー・モハンマドは、自分が「バーブ」であることを宣言します。シーア派では、伝統的に最高指導者を「イマーム」と呼びました。そして、この世に姿を現していないイマームを「隠れイマーム」と呼びます。バーブはその「隠れイマーム」と民衆を結ぶ「門」という意味で、最高指導者と信徒をつなぐ役割を果たします。

バーブとなったアリー・モハンマドは1848年にホラサンで反乱を起こしました。彼は男女平等や格差の解消などを説いて民衆の支持を集めます。アリー・モハンマドは2年後には処刑されましたが、反乱は1852年まで続きました。さらに各地に飛び火して、人びとの不満の高まりが明らかになったのです。

## まずはお金にまつわる改革から

1848年にムハンマド・シャーが死去すると、その子ナーセロッディーン・シャーが即位します。このころのイランは、軍事費がかさんで財政は悪化していました。

ナーセロッディーン・シャーは大規模な改革に着手します。とくに行政においては、シャーの取り巻きとして政治に口を出し、みずからの利益のために動いた王族たちを遠ざけました。そして、行政実務をより効率よく進めるために、官僚を中心とする体制をつくりました。地方でも、有力者に税の取り立てを任せるのではなく、官僚を派遣して税を取り立てる方針に切り替え、全収入を把握できるような体制に整えました。

このほか、国内産業を保護・育成するため、安い外国製品に高い関税をかけるという「保護関税政策」が実施されました。なお、苦しい生活を強いられていた農民を守るため、王朝は生活資金を援助する政策も実施しました。

また、ナーセロッディーン・シャーは、軍事産業にも資金を投入します。さらに、友好関係にあったフランスから軍人を招き、軍制の近代化を進めました。キジルバシをやめ、遊牧民の指導者が指揮する部隊をなくしたのです。

町や村などの自治体単位で兵が集められ、部隊が編成されることになりました。また、遊牧民が主体となった騎兵部隊に代わり、西洋式の最新装備で編成された歩兵部隊がつくられました。軍事知識や産業技術を教える学校も設立されています。

## 近代化したけれど

軍備を備えたナーセロッディーン・シャーは、ヘラートの領有権を主張して1857年に遠征します。しかしイギリス軍によって退けられ、翌年のパリ条約においてヘラートやアフガニスタンの領有権を失いました。このとき、現在にいたるイランとアフガニスタンの国境が決められました。弱体化したガージャール朝は、イギリスをはじめとす

### そのころ、日本では？

ナーセロッディーン・シャーの治世は、日本の幕末・維新期と重なります。1853年にペリーが浦賀《うらが》（神奈川県）に来航し、1860年には桜田門外の変で井伊直弼《いいなおすけ》が暗殺されました。その後倒幕運動がさかんになり、1867年に徳川《とくがわ》慶喜《よしのぶ》が大政奉還をして、翌年に明治に改元されました。

るヨーロッパ諸国の進出を受け入れざるを得なくなります。

イギリスは1865年、イラン国内で電信網を建設する利権を手に入れました。この電信網は、20世紀になって完成します。一方でロシアも、イランとのあいだに電信線を引いたり、カフカス地方からイランにつながる鉄道を敷く権利を得たり、アゼルバイジャンで鉱山を開発する権利などを得たりしました。

1871年、ナーセロッディーン・シャーは、ミールザー・ホセイン・ハーンを大宰相に任命しました。以降は、ホセイン・ハーンが改革を引き継ぎます。

翌年、ホセイン・ハーンは石油などの地下資源を採掘するために、外国資本を積極的に呼び込んで資金を集めました。それをもとに鉄道が敷かれ、河川が整備されていきました。

こうしてイランの近代化は進みましたが、得られた利益の大部分はヨーロッパ諸国のものであり、経済的な支配下に組み込まれることは避けられませんでした。

1889年にはイギリスが出資する「ペルシア帝国銀行」が設立され、イランの金融も支配されることになりました。

## 絨毯とアヘン

近代化によって産業にも少しずつ変化がありました。

１８６０年代の後半、蚕《かいこ》の病気が流行して生絹《きぎぬ》の生産量が落ち、当時イランで主要な輸出品であった生糸の産業は大打撃を受けました。そこで、イギリスやアメリカの資本家は国際的に評価の高い絨毯に注目し、新産業として成功させるべく出資しました。新たに建設された絨毯工場では多くの労働者が雇われ、生産量も増えたことで輸出額が飛躍的に増えていきました。

イギリスの商人は家庭用の絨毯だけでなく、モスクの絨毯を製造するよう求めて、絨毯の製造がさらにさかんになりました。

また、イギリスは19世紀初めからイランの農村でケシの栽培をすすめていました。ケシは麻薬であるアヘンの原料となります。水が不要で育てやすかったことから、ガージャール朝もケシの栽培を奨励しました。

麻薬が大量に製造されてイラン人の健康を害するようになると、反イギリス感情が芽生えます。19世紀の後半になると、イギリスからの経済的な独立を求める声も上がりはじめました。また、このころはイランだけでなくオスマン帝国やエジプトなども、イギリスやロシアなどのキリスト教国家が進出したことで経済的な支配を受けるようになり、独立がおびやかされていました。

そんななか登場したイラン出身の思想家ジャマール・アッディーン・アフガーニーは、イスラム教国家がヨーロッパ諸国の進出に抵抗するためには団結すべきであるという「汎《はん》イスラム主義」をとなえました。

さらにアフガーニーは、シャーによる統治ではなく、国の基本を定めた憲法を制定して、議会を中心とする政治を実現しようと説きました。つまり、ヨーロッパに対抗するためには、ヨーロッパのような近代国家になるべきだと主張したのです。

## タバコ・ボイコット運動

イランをはじめ、イスラム教の伝統を守ってきた国ぐにでは、アフガーニーの「王を否定する」考え方は受け入れられませんでした。ただし、商人や農民たちはイランの利権を取り戻す運動をはじめます。そのきっかけはタバコでした。

イスラム教の聖典であるコーランには、喫煙の可否については書かれていません。歴代の王朝は健康への悪影響を理由に、しばしば禁令を出していました。しかし、18世紀にヨーロッパでタバコが流行したことで、イランでは商品作物としてタバコの栽培がさかんになり、19世紀には一大産業に成長していました。

1890年、ナーセロッディーン・シャーは、イギリス人のタルボットに国内でタバコ産業を展開する許可をひそかに与えました。最初にロシアが気づいて不満を表明すると、イラン人のあいだでもこのうわさが広まりました。

翌年、イラン人の商人たちが南部の都市シーラーズで、タバコ利権を与えたシャーへの抗議行動を起こしました。イランの法学者のなかには、タバコは不浄であるという見解を示す者も出てきました。とくにタバコの生産地であったアゼルバイジャンでは大運動が行われ、タバコ・ボイコット運動として、全土に拡大しました。

タバコ・ボイコット運動の影響で、ナーセロッディーン・シャーは、タルボットへの許可を取り消しました。この運動はイランの歴史上初めて、大衆がシャーの権力を押さえたものとして、後世まで評価されています。

また、この運動はイランの政治に干渉しようとするイギリスへの抵抗でもありました。自分たちはイラン人である、という自覚が芽生えるきっかけにもなりました。

そして1896年、ナーセロッディーン・シャーはアフガーニーの弟子によって暗殺されました。恐怖を感じたオスマン帝国のスルタン、アブドゥルハミト2世は、アフガーニーを捕らえます。翌年、アフガーニーはイスタンブルで死去しました。

## 初めての選挙

ナーセロッディーン・シャーの死後に即位したムザッファル・ウッディーン・シャーは、財政を立て直すために外国から借金をしようとしますが、失敗しました。すると国内の商人に対して増税を実施し、不満の声が上がりました。

1904年、イランは凶作に見舞われ、疫病も流行しました。さらに日露戦争の影響でロシアから穀物が入ってこなくなり、砂糖や小麦などの値段が上がってしまいました。

翌年の末、砂糖の価格が上がったのは商人が売り惜しみをしたことが原因であるとして、ムザッファル・ウッディーン・シャーは砂糖商人を処刑します。強権をふりかざすシャーへの不満は、ますます膨らみました。

1906年7月、テヘラン市民の怒りがついに爆発し、デモが起こります。2000人余りの市民が、聖堂や外国大使館などに立て籠りました。翌月にはデモの参加者が1万人を超え、議会の開設を要求しはじめます。

8月、ムザッファル・ウッディーン・シャーは、ついに憲法制定のための議会をつくることを発表し、第一次選挙法が公布されました。ただし、選挙はテヘランのみで実施され、投票権や立候補する権利には制限がついていました。

10月、イランの歴史上初めて議会が誕生し、憲

法についての話し合いがはじまります。

1907年1月、ムザッファル・ウッディーン・シャーが死去すると、子のムハンマド・アリー・シャーが後を継ぎました。ムハンマド・アリー・シャーは憲法制定や議会そのものが不要と考えており、即位式に議員を呼びませんでした。

## 立憲君主制への道

ムハンマド・アリー・シャーの対応にもひるまず、議会では憲法制定の準備が進められていきました。

議会では、いくつかの基本原則が示されます。
① シャーの統治権力は神ではなく国民に由来すること
② 議会はシャーが実行する政策を補佐する機関ではなく、国民の代表として法律をつくる機関であること
③ 国民の生命や財産などを奪うことができないこと
④ 国民の教育や出版の自由を認めること

いずれも、ヨーロッパで生まれた近代の市民社会を実現するための内容です。

また、イランでは19世紀後半から政府が広報誌として新聞を発行していました。しかし、1905年以降に250を超える新聞が発行され、立憲君主制の実現に向けた世論を盛り上げる役割を果たしました。

そして、各地で集会や団体を意味する「アンジョマン」が結成されました。憲法制定に賛成する立場や反対する立場の団体、イギリスやロシアの支配に抵抗しようと訴える団体、商工業者の利権を守ろうと主張する団体などが次々と結成されていきました。

マスメディアの広がりやアンジョマンでの議論によって、イラン全土で立憲君主制への道がつくられていくのです。

## まるで植民地

イランで近代化が進み、さらにシャーの権威が弱まっていくようすを、イギリスは冷静に観察していました。イランの支配をめぐって対立していたロシアが日露戦争で敗れて国力が衰えたことや、ドイツが西アジア方面に進出してきたことから、イギリスはロ

## 英露協商後のイラン

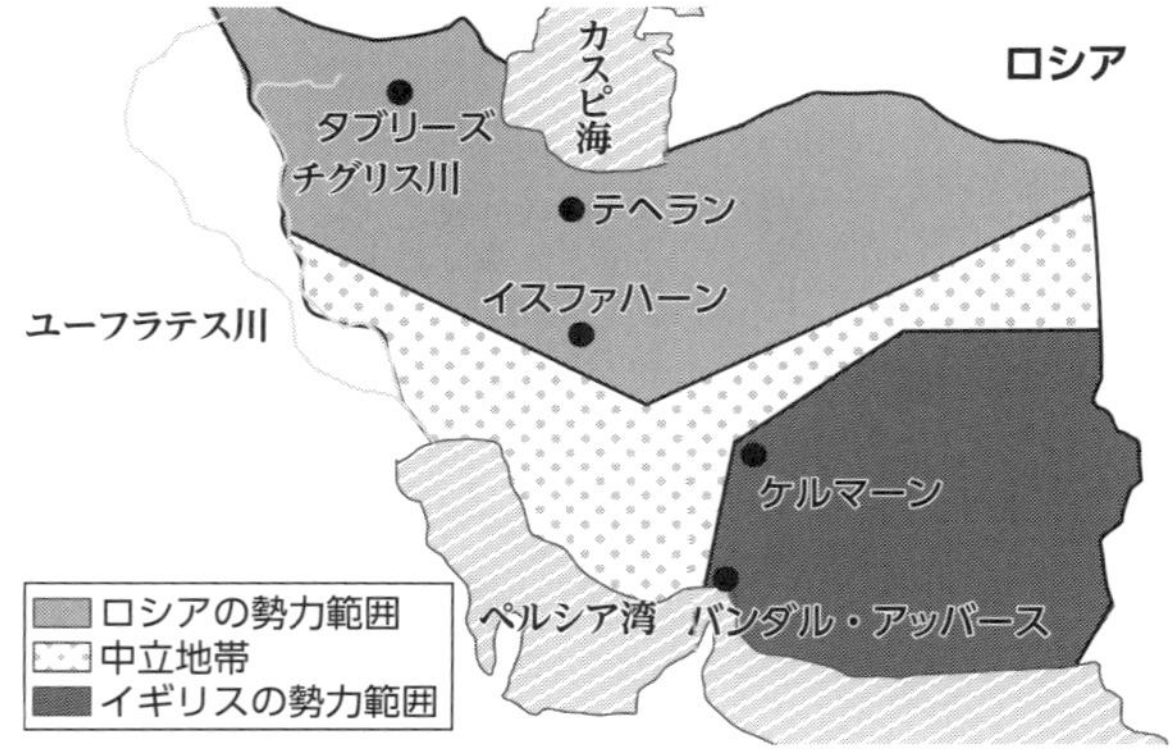


シアとの協調を考えはじめていたのです。

１９０７年８月、英露協商が結ばれてイランは実質的に３分割されることになりました。ロシアが支配することになったのはカスピ海周辺などのイラン北部です。この地域は農業がさかんで、一部の工業都市もふくまれていました。

一方、イギリスが支配することになったのは、イランの南東部とアフガニスタンでした。

ロシアとイギリスの支配をまぬかれたのは、南西部のみでした。ただし、イギリス資本によって経済的な支配を受けており、シャーは何もできません。ロシアとイギリスは、イランを植民地のように支配しました。

ロシアは支配地に軍を駐留させ、領事がイランの政治に口を出しました。シャーが口シアの意向に振り回されることもたびたびありました。

イギリスはイランの資源に目をつけており、20世紀の初めに鉱山技師で投資家でもあったウィリアム・ノックス・ダーシーを送り込みます。当時のムザッファル・ウッディーン・シャーは、ダーシーに石油の採掘、精製、販売にいたる権利を60年間認めました。そして1908年、イラン南西部のフーゼスターン地方で初めて油田が発見されます。

翌年、イギリスによってアングロ・ペルシアン石油会社（のちのアングロ・イラニアン石油会社）が設立されました。イギリスは、この会社の利権を守るため、ロシア支配地との中間地帯に軍を駐留させせました。

## 立憲革命、はじまる

英露協商が結ばれた日、憲法制定に反対の立場だった大宰相アミーノッ・ソルターンが暗殺されました。この事件をきっかけに、憲法制定に反対する立場の議員たちは、議会そのものを廃止しようと動きます。

1908年には、立憲派と反立憲派がテヘランやタブリーズ、イスファハーンで武力衝突を起こすなど、深刻な状況になります。さらにムハンマド・アリー・シャーのテロ未遂事件が起こって、ついに6月、イラン全土で戒厳令が出されます。軍が出動して治安維持のための警備体制が取られ、集会などは禁止されました。

そしてシャーの直属の部隊がテヘランの議会に大砲を打ち込み、立憲派の議員を殺しました。議会は解散となって憲法制定をめざす動きは一気に消えました。

しかしタブリーズでは、イラン人の立憲派が反立憲派との闘争に向けて準備をはじめました。タブリーズはロシアの支配に反発するイラン人が活動しており、この勢力が結集したのです。商工業者や下級のウラマー（イスラム教徒の知識人）のほか、ルーティーと呼ばれた無頼者たちの結成したモジャーヘダーン（義勇的武装闘争集団）も参加しました。

危機感を抱いたムハンマド・アリー・シャーはロシアの助けを借りてタブリーズに軍を送り、モジャーヘダーンとの戦闘がはじまりました。これを、立憲革命といいます。

4万の軍に対し、2万のモジャーヘダーンは武器をとって抵抗しました。これに勇気づけられ、アンジョマンが各地で復活します。

1909年2月、タブリーズのアンジョマンは、テヘランに向けて行進を開始しました。さらに7月、ホラサンで結成されたアンジョマンを中心とする集団がテヘランに入ると、ムハンマド・アリー・シャーは、ロシア大使館に亡命します。アンジョマンはアフマド・シャーを即位させて、議会の再開が宣言されました。

## 立憲革命、失敗

再開された議会は「第2議会」と呼ばれ、地方出身の議員が増えました。この議会では、シャーの廃止や法の下の平等を求めて過激に行動する革命派と、立憲君主制を進めていく方針の穏健派が対立します。両者の歩み寄りがなかったことから、政治改革は行われませんでした。ただし、教育分野や改革や財政に関する改革は進んでいきました。

とくに重要な財政においては、議会がアメリカ人のモルガン・シャスターを顧問として招き、赤字の解消について相談します。シャスターのアドバイスにもとづき、議会は当時ロシアがイランに派遣していたベルギー人の役人を追い出そうとしたり、イラン国内にあるロシア王族の土地を取り上げようとしたりしました。

これに怒ったロシア政府はシャスターの解任を求め、軍隊を派遣してイランに圧力をかけます。アフマド・シャーはロシア軍の侵入を防ぐことはできず、1911年にロシア軍が攻め込んできました。

その年の暮れ、アフマド・シャーは第2議会を解散させ、翌年にはシャスターがイランを去りました。

## イラン人のナショナリズム

立憲革命は失敗に終わったものの、イラン人の多くが、イギリスとロシアによって国が停滞し、生活が苦しくなっていることを自覚しました。無力なアフマド・シャーにも批判が向けられ、ふたたび立憲君主制を求める声が大きくなっていきます。こうした運動を、イラン・ナショナリズムといいます。

当時、ヨーロッパでは君主の独裁が終わり、国民が主体となって政治を行う民主主義が広がっていました。イランもこれに続くべきと考える人が増えていきました。また、イラン人としてまとまるべきという国民主義が浸透します。とくにアフガーニーの思想に強い影響を受けた人びとは、イスラム教のもとにまとまることを主張しました。

さらに、ロシアやイギリスなどへ強く反抗するなかで、異なる民族を排除しようとする「民族主義」の考え方や、巨大資本の言いなりになるのではなく、労働者が暮らしやすい社会をめざす「社会主義」の考え方も広まりました。

## 略奪行為で大混乱

さて、このころヨーロッパでは、ドイツが軍備を拡大しており、イギリス、フランス、ロシアはドイツを抑え込もうとしました。

1914年8月1日、ドイツはロシアに宣戦布告し、3日にはフランスにも宣戦布告をしました。4日にはイギリスがドイツに、12日にはフランスがドイツに宣戦布告し、植民地をふくめた世界各地で戦闘がはじまります。

### 第一次世界大戦の国際関係

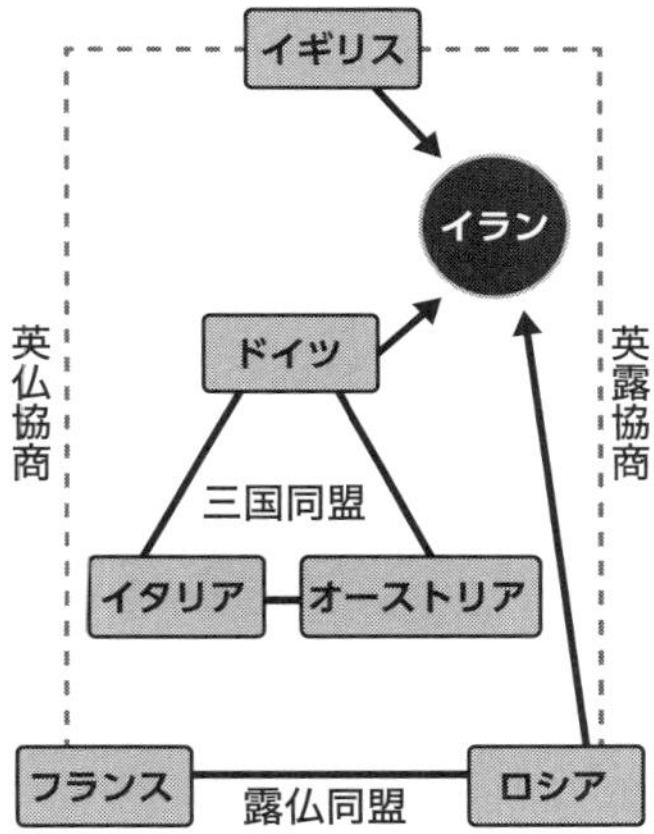

イランは11月に中立を宣言し、その後は外交戦の舞台となりました。ロシアとイギリスは自国の権益を守るため、英露協商で決められたイランの中立地帯に軍隊を進めました。ロシア軍やイギリス軍は各地で略奪を働き、イランは大混乱に陥ります。しかし、アフマド・シャーをはじめとする政府は、何もできませんでした。

なお、第一次世界大戦中には、イギリスやロシアなどによってテヘラン、ハマダーン、ケルマンシャーを経由してイラク国境までの路線と、テヘランから南下してイスファハーン、シーラーズを経由してペルシア湾岸にいたる路線が開通しています。

## ジャンギャリー運動

無政府状態となっていたイランでは、ナショナリズムを唱える人びとが結集し、各地でロシアやイギリスに抵抗しました。とくに、カスピ海南西部のギーラーン地方の森林で、ジャンギャリーを自称する集団がロシア軍に対してゲリラ戦を展開します。

ジャンギャリーは戦うだけでなく、周辺の組織と協力しながら学校を建設したり、道路を整備したりして、イラン人の支持を集めました。

ギーラーン地方の出身であるクーチャク・ハーンは、ロシア軍を相手にゲリラ戦を戦い抜き、1917年にロシア革命が起こってロシア軍が撤退すると、次は周辺で転戦し、イギリス軍に挑戦しました。しかし、ロシアやイギリスの言いなりであったアフマド・シャーが軍を差し向け、さらにイギリス軍も加勢して壊滅させられました。

ロシア軍の撤退後もイギリスは軍を駐留したままで、1918年の終戦後も植民地のような支配体制は続きました。

1919年にはイラン・イギリス協定が結ばれ、イラン全土をイギリス本国と植民地インドのあいだの衛星国家にしようとする構想が明らかになります。イラン人は猛反対し、ジャンギャリー運動がふたたび活発になりました。

ところが1920年、運動の中心となったギーラーン地方に革命で権力をにぎったロシアのボリシェヴィキが軍を送り込み、イラン人の抵抗を押さえつけました。そしてイラン・ソヴィエト社会主義共和国が建国され、この地はイランではなくなりました。

翌年、ボリシェヴィキの軍が引きあげると、ジャンギャリー運動は、イラン政府によってしずめられました。

ひみつコラム

# イランの国旗と国歌

## パフレヴィー朝の国旗がベース

現在のイランの国旗は、１９７９年のイラン革命を機に決定されました。それまでは、パフレヴィー朝の国旗が使われていました。両者を比較すると、上部の緑、中央部の白、下部の赤が共通しています。緑はイスラム教、白は平和と永遠、赤は勇気を示す色です。中央にある標章は、剣と４つの三日月をデザインしたもので、刀は、力と不屈の精神、三日月はイスラムの発展を祈願しています。

また、この剣と４つの三日月はアラビア文字の「アラー」を図案化したもので、イランの国章でもあります。かつてのパフレヴィー朝の国旗には、黄色のライオンが描かれていました。獅子のように強い国をイメージしています。

緑部分の下、赤部分の上にデザインされているのはアラビア文字のクフィック体で「アラー＝アクバル（神は偉大なり）」の言葉が上下11回ずつ書かれています。イランが

## イランの国旗

ガージャール朝時代の国旗
（1906 ～ 1925年）

パフレヴィー朝時代の国旗
（1925 ～ 1964年）

パフレヴィー朝時代の国旗
（1964 ～ 1979年）

現在の国旗
（1979年～）

イスラム教を国教にしたことで入ったもので、パフレヴィー朝の国旗にはありません。

現在のイラン国歌は、ホメイニの死去を受けて開催された１９９０年のコンクールで選ばれました。歌詞は複数の詩から採用されており、「イマームのメッセージ、独立、自由は我らの魂に刻まれている」など、イスラム教国であることを強くアピールする内容となっています。

比較的新しい国歌よりも、「Ey Iran（ああイラン）」という愛国歌のほうが国民に親しまれています。この歌は、第二次世界大戦末期の愛国心の高まりを背景に作詞、作曲されました。パフレヴィー朝では国歌のような役割を果たしていました。

「地上の完成」と呼ばれた反骨の画家

# カマル・オル・モルク

كمال الملک

（1848 ～ 1940 年）

## ヨーロッパに渡り独学で遠近法を習得

テヘラン南にある都市カシャーンで生まれたモハマド・ガファリは、芸術一家に育ちました。モハマドは幼少期から絵画や書道に興味を持ち、15歳でテヘランに移り住んでからは、高等教育機関で絵画を学びました。

18歳のとき、たまたま学校を訪れていた国王ナーセロッディーン・シャーにペン画の技巧を認められ、モハマドは宮殿に招かれました。以後、宮廷画家として肖像画や風景画などを描き続け、40歳のときに「カマル・オル・モルク」（地上の完成）の名を授けられました。

44歳でフランスに留学したカマル・オル・モルクは、遠近法などの新しい技法を習得します。帰国後は新国王との相性の悪さもあってイラクに渡り、立憲革命の際に帰国して、ガージャール朝の最後を見届けました。その後は美術学校を設立し、91歳で死去するまで新しい才能の発見・育成に努めました。

chapter 8

# ふたたび宗教国家へ

## ガージャール朝が消滅

ジャンギャリー運動をはじめとするイラン各地の不穏な動きに対応するため、イギリスはアイアンサイド将軍を派遣しました。彼は、ロシアが編成したコサック人部隊を統括することになりました。「コサック」とは、南ロシアや中央アジアなどにいた混血種族の戦士です。革命によってロシア軍が撤退したあとも、この部隊は残されていました。

コサック部隊には、イラン北部出身のレザー・ハーンがいました。15歳でコサック部隊に入り、ロシア人の下で訓練されたレザー・ハーンは、アイアンサイド将軍に見出され、軍人として出世します。

1921年2月、テヘランの宗教学者セイエド・ズィヤーウッディーン・タバータバーイーが、現状を変えるためにクーデターを起こします。これに呼応したレザー・ハーンは、2000人のコサック部隊を指揮してテヘランに入り、王族を追い出しました。

タバータバーイーは新政府を組織し、レザー・ハーンも戦争大臣として参加しました。新政府は、王族や名家の血筋を無視して、教育を受けた都市の人びとを官僚として採用しました。

クーデターの直後、タバータバーイーは、ロシアのソヴィエト政府とのあいだでイラン・ソ連条約を結びます。この条約により、イラン国内でロシアが有していた利権はすべて放棄されました。

また、コサック部隊や戦争省に所属する軍隊、内務省が統括する地方警備隊、イギリスの命令でつくられた南ペルシア小銃隊などの軍事組織を、国軍として統一されました。

長年続いてきた立法や司法の体制も、大きく変更されることになりました。

それまでイランでは、イスラム教の聖職者がコーランに基づいて法律をつくったり、裁判を行ったりしていました。しかし、1922年に国民議会で公務員法が成立し、イスラム教の聖職者でなくても裁判官になれる新制度がはじまりました。

## レザー・ハーンの野心

新しい体制づくりを進めていたタバータバーイーですが、税金を納めない大地主を投獄したところ、これまでの伝統を重視する保守派の政治家から嫌われ、1922年に失脚しました。

そして翌年、戦争大臣のレザー・ハーンは、国民議会で首相に選出されました。

実権をにぎったレザー・ハーンは、経済力を背景に独自の地方政権をつくることもあったアゼルバイジャンやホラサンに対して、自治権を停止する命令を出します。また、クルド人などの少数民族を移動させるなどして地方の行政区画を変更し、中央集権的な体制がつくられていきます。商人や手工業者に対しては、自由に会社をつくったり物を売ったりができるようにしました。

こうした西洋化を進める改革は、レザー・ハーンが強力な軍隊を意のままに動かせることから、反対できる人がおらず、次々と実行されていきました。

## パフレヴィー朝の成立

このころ、第一次世界大戦で敗れたオスマン帝国では、スルタン（国王）制度の廃止に向けて話が進んでおり、１９２２年に廃止が決まりました。翌年にはイスラム教の最高権威であるカリフも廃止され、大統領制のトルコ共和国が正式に成立しました。

レザー・ハーンはトルコを参考にして共和制を構想しますが、宗教指導者が強く反対したために断念しました。

１９２５年10月、国民議会でガージャール朝の廃止法案が可決し、レザー・ハーンは新たな君主としてレザー・シャー・パフレヴィーを名乗りました。ここから、パフレヴィー朝がはじまります。

１９２７年、レザー・シャーは治外法権の撤廃をヨーロッパ諸国に訴えます。翌年、ヨーロッパ諸国はそれを受け入れました。この期間に商法、刑法、民法も整備されました。

なお、オスマン帝国の崩壊でイラクはイギリスの統治下に置かれますが、１９３２年にイラ

ク王国として独立を果たしました。

イギリスが支配していたアフガニスタンは、第一次世界大戦後の1919年にイギリスから独立を勝ち取っていました。

レザー・シャーは、1937年にトルコやイラク、アフガニスタンと相互不可侵条約を結びました。当時はソ連やイギリスなどが領土を広げようと動いていたため、イスラム教国家で団結して対抗しようと考えたのです。

1939年には、レザー・シャーの皇太子とエジプト王の妹との結婚が決まりました。こうしてパフレヴィー朝は、周辺国との関係を深めていきました。

## ペルシアからイランへ

イラクやアフガニスタンが独立したことで、イラン人は「自分たちが何者なのか」を考えるようになりました。そして、現状の国土の範囲ではなく、長い歴史のなかで自分たちが暮らしてきた地域や、イラン人としてまとまって見られることを求めるようになります。

当時ペルシアと呼ばれていたイラン高原で暮らすイラン人は、その周辺をふくむ「アーリア」の民族であると考えるようになりました。アーリアは、サンスクリット語で「高貴な」という意味があり、イラン人だけでなくインド人もふくまれます。

1934年、レザー・シャーはアーリアに由来する「イラン」を国名とすることを各国に通知しました。ただし、ペルシアは地名や芸術などの分野において、今も広く使われています。

## とにかく鉄道を敷く

国名や国家の体制は変わったものの、イラン国民の大部分の生活は、19世紀から大きく変わりませんでした。

イランは相変わらず農業国家であり、大地主が小作農を

### そのころ、日本では?

「ペルシア」が「イラン」になった1934年、日本が実質支配していた満洲国《まんしゅうこく》で、清《しん》王朝の血を引く溥儀《ふぎ》が皇帝として即位しました。ただし、実権は関東軍がにぎっており、官僚も日本人ばかりの傀儡《かいらい》でした。翌年、溥儀は日本を訪問しています。

使う農業や牧畜が行われていました。主要な穀物は大麦や小麦、米で輸出品でもありました。イギリスが生産を奨励したアヘンは生産が禁止され、収穫量は減っています。

貿易の相手国はソ連が中心でしたが、１９２０年代末から１９３０年代になるとソ連が輸入を制限したために、ドイツへの輸出量が増えていきました。

レザー・シャーは農業に積極的でなく、みずからの所有地で機械化を進める程度でした。その一方で鉄道には熱心で、１９２７年には外国の資本に頼らず、自国での鉄道建設をはじめました。川や砂漠が多い地形のせいで工事は難航しますが、１９３８年8月にカスピ海南東部のバンダル・トルキャマンからテヘラン、ゴムを経由しペルシア湾のバンダル・シャプールにいたる鉄道が完成します。

ただし、この鉄道はテヘラン以外の主要都市には接続されなかったため経済効果は小さく、産業が衰退して人口が減少する町もありました。

なお、レザー・シャーは、ドイツ人技術者を招いて建設機械や工業機械を生産しました。これでドイツとの関係が深まり、イギリスやソ連、フランスはイランへの警戒を強めていきます。

## 第二次世界大戦前の西アジア

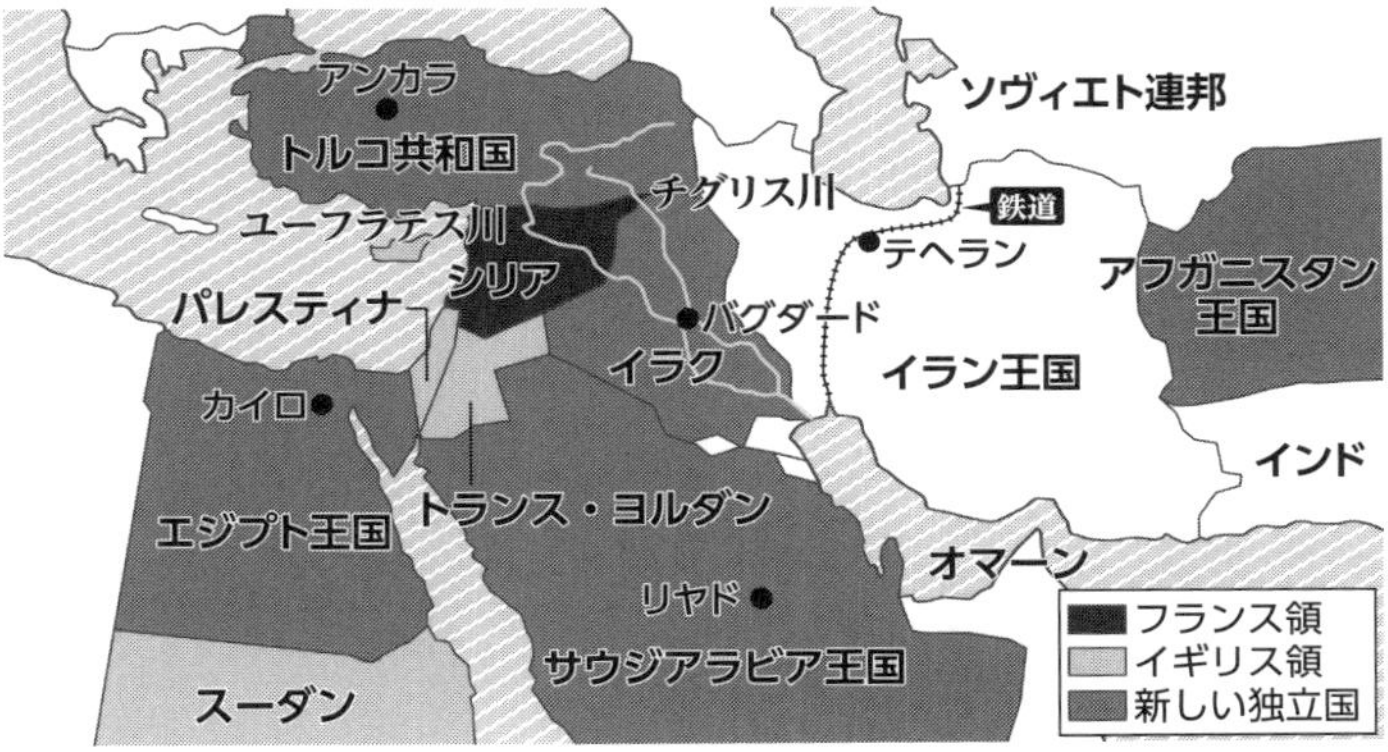


### ソ連とイギリスに占領される

1939年9月、ドイツがポーランドに攻め込み、第二次世界大戦が勃発しました。レザー・シャーは中立を宣言しますが、ドイツとの関係を維持することを優先して、国内にドイツの諜報機関が入ることを認めました。

1941年6月、もともと不可侵条約を結んでいたドイツとソ連が開戦しました。イギリスはソ連を支援するため、イランを経由するルートを使おうとしました。

このとき、イギリスとソ連は、レザー・シャーに対してドイツとの国交を断絶して、ドイツ大使をイランから追放するよう要求しました。

ところがレザー・シャーはこの要求をつっぱねて、ドイツ側に立ったとみなされます。

8月にはソ連軍とイギリス軍が侵入し、翌月には北部と南部が占領されました。さらにイギリスとソ連は、大戦中にイランが外国と条約を結ぶことを制限します。追い込まれたレザー・シャーは退位して、子のムハンマド・レザー・パフレヴィー（パフレヴィー2世国王）がシャーとなりました。

占領軍は油田を確保したほか、イラン国内で食料を調達しました。当時、イランの食料生産が落ち込んでいたこともあり、穀物価格は一気に上がります。生活が苦しくなったテヘラン市民は、1942年12月に暴動を起こしました。この暴動はすぐにしずめられますが、市民の惨状を見かねたイギリスやアメリカからは、食料が届けられました。

なお、戦時中にソ連やイギリスは安価な繊維製品や織機《しょつき》などを自国からもち込み、イラン製のものを買いませんでした。そのため、イランでは工業の発展が遅れました。

## 政党が復活！

レザー・シャーの退位をきっかけに、禁止されていた政党活動が復活しました。

1941年9月には、ドクター・フェリードゥーン・ケシャーバルズがトゥーデ党を結成しました。トゥーデ党は、労働者の権利拡大を訴えて支持を集めた親ソ連の政党で、勢力を拡大していきます。これに対し、資本家や地主などの保守勢力は、アメリカやイギリスの支援を受けてメッリー党を組織しました。また、一時は政治から遠ざけられていた宗教家たちも復帰します。

都市部では労働運動や学生運動がさかんになる一方で、近代化が遅れた地方では、政府に対する不満が大きくなっていきました。

とくに、ガージャール朝時代に中心都市だったタブリーズは、トルコ系のアゼルバイジャン人（アゼリー）やクルド人が多い地域でした。そのため、レザー・シャーが推し進めたペルシア人を優遇する政策に対しては、強い反発がありました。

## 終戦、そして独立

1942年1月、イランはソ連およびイギリスと三国同盟条約を結びます。ソ連軍とイギリス軍は、終戦から半年が経過するまでイランに残ることになり、アメリカから届いた軍事物資がイランを経由してソ連へと送られました。

翌年9月、イランはついにドイツに宣戦布告しました。ただし、モハンマド・レザー・パフレヴィーには軍を動かす力はなく、イラン軍は戦争に参加しませんでした。

なお、1943年11月から12月にかけて、テヘランにアメリカ大統領ローズベルト、イギリス首相チャーチル、ソ連共産党中央委員会書記長のスターリンが集まりました。3人は戦後の構想を話し合い、イランについては独立が認められることになりました。

1945年5月、ドイツが降伏してヨーロッパでの第二次世界大戦が終わります。この年の12月、イギリス軍は軍事支配をやめてイランの独立およびアゼルバイジャン人の自治を認め、アゼルバイジャンには国民政府が樹立されました（翌年に崩壊）。

ソ連軍がとどまっていたイラン北西部のマハーバードでは、クルド人の自治を求めたクルディスタン民主党が結成されます。1946年1月、クルディスタン共和国が成立しますが、テヘランの中央政権はその存在を認めず、年末には体制が崩壊しました。

また、戦時中に誕生したトゥーデ党は、戦後にソ連の支援によって5万人の党員を集めるほどになります。

イスラエル建国の流れ（1920〜1949年）

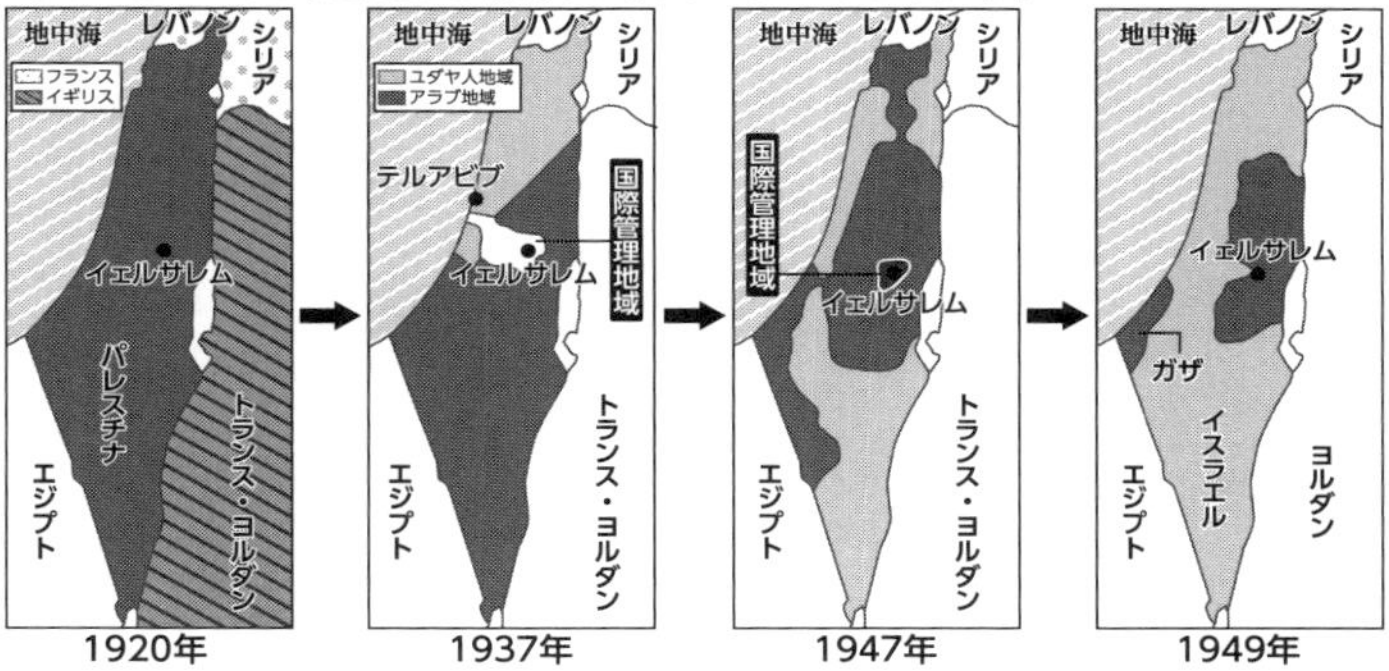


## イスラエルが建国

１９４８年、ユダヤ人がイェルサレムでイスラエルの建国を宣言しました。この地は第二次世界大戦中にイギリスが統治しており、戦後にユダヤ人による国家がつくられることが約束されていました。

しかし、この地域で暮らしていたアラブ民族のパレスチナ人は知らされておらず、反発しました。その結果、周辺のアラブ人の国ぐにを巻き込む第一次中東戦争が起こります。

イランはこの戦争に参加していませんが、エジプトやシリア、イラク、サウジアラビアなどはイスラエルと戦い、１９４９年に国連の仲裁で停戦となりました。こうして、ユダヤ人とアラブ人の対立の火種が生まれたのです。

## 石油を取り戻す

戦後、イギリス軍やソ連軍がようやくいなくなったイランでは、ムハンマド・レザー・シャーがアメリカの力を借りて、国づくりを進めていきます。

1949年11月、ムハンマド・レザー・シャーは、訪問先のニューヨークで農地改革や汚職の撲滅《ぼくめつ》などの公約を発表しました。アメリカから経済支援や軍事支援を受けるため、国政の基本方針を示したのです。

当時のアメリカは、ソ連を中心とする社会主義陣営を警戒していました。とくにイランはソ連と国境を接しており、関係も深いことから、社会主義陣営に取り込まれるのを防ぎたかったのです。同時に、アメリカはイランで産出される石油に目をつけており、イランへの進出を望む声もありました。

一方、イランでは自国の石油を守るため、石油会社の国有化が検討されていました。外国がイランで石油を採掘する際に支払う権利料は増額されていたものの、石油の利益はイギリスが独占していました。

1946年5月、石油産業で働くイラン人がストライキを起こし、国有化への動きが加速しました。1951年の選挙で国民戦線が支持を集めて勝利し、リーダー格のモサッデグが首相に選出されました。

国有化推進派のモサッデグのもと、アングロ・イラニアン石油会社の国有化法案が可決され、5月1日にムハンマド・レザー・シャーが国有化を宣言しました。

ところが、特権を奪われたイギリスがペルシア湾に軍艦を派遣し、イラン産の石油を積んだタンカーの航行を妨害します。さらに、イギリスやアメリカなどの石油輸入国らの構成する国際石油資本（メジャーズ）がイラン産の石油の輸入をボイコットしたため、期待した収入が得られず、財政は大赤字に陥りました。

## モサッデグの挑戦

財政赤字を解消するため、モサッデグは政治の実権をにぎろうと考え、議会に対して非常大権（政策をすみやかに実行する権利）を要求します。しかし、国民戦線が「さすがにこれは独裁である」と反対し、モサッデグは1952年7月に辞任しました。

ムハンマド・レザー・シャーは、ただちに親米派のカワームを首相に任命しますが、今度は国民が怒りました。シャーがアメリカやイギリスの圧力に屈したとして、全国で抗議デモを起こしたのです。流血事件まで起こる事態となり、ムハンマド・レザー・シャーは、たった1週間でモサッデグを再任しました。

その後、モサッデグとムハンマド・レザー・シャーははげしく対立し、一時シャーが国外に逃亡する事態となります。翌年8月、シャーに近い軍がクーデターを起こして、モサッデグは逮捕されました。このクーデターには、石油利権を死守したいイギリスやアメリカの支援があったとされています。

テヘランに戻ったムハンマド・レザー・シャーはザーヘディー将軍を首相に就け、ふたたび王政がはじまります。モサッデグの失脚で、石油の国有化は幻に終わりました。

## OPEC設立

イランで石油国有化をめぐるゴタゴタが続いていた1952年、エジプトではナセルが国王を追放して実権をにぎり、4年後に大統領となりました。この年、ナセルはフランスやイギリスの管理下にあったスエズ運河の国有化を宣言します。

これに怒ったイギリスやフランス、イスラエルがスエズに兵を送り、第二次中東戦争（スエズ戦争）が起こりました。アメリカやソ連、さらに国連がイギリス、フランス、イスラエルを批判したため戦闘は短期で終わり、エジプトはスエズ運河の国有化に成功しました。

アラブ諸国のあいだで高く評価されたナセルは、1958年にシリアと組んで、アラブ連合共和国を結成します。

エジプトの成功を見たイランは、原油価格の安定と産油国の利益の確保をめざし、1960年、サウジアラビアやイラク、ベネズエラなどとともに、OPEC（石油輸出国機構）を設立

しました。

## 白色革命

さて、モサッデグの失脚後、ムハンマド・レザー・シャーは秘密警察のサヴァクを組織します。サヴァクは民主的な政治を求める国民戦線やトゥーデ党などの活動を妨害して崩壊させました。

1963年、ムハンマド・レザー・シャーは、近代化が遅れている状況を打破するため「白色革命」を実施すると宣言しました。この革命では、農地改革、森林や牧草地の国有化、国営工場の民営化、工場の利益を労働者に分配する、婦人参政権を認める、教育制度を改めて文字が読めない人をゼロにする、という6つの目標が掲げられました。

当時のイランの農村では地主が農民から小作料を取っており、農民は貧しい生活を強いられていました。ムハンマド・レザー・シャーが、大地主や有力部族など富裕層の権力を制限すると、富裕層は農業に見切りをつけ、成長が見込める工業に投資をしはじめました。

道路が建設されたり、新しい農業技術が導入されたりもしましたが、場当たり的な政策ばかりで農民の生活は改善されず、都市へ移住する者が増えていきました。

また、白色革命で教育を受けた者が官僚として採用されるようになりました。イランでは一般的に聖職者が官僚を務めていたため、宗教関係者は大いに反発します。

## オイルブームで軍事大国へ

1967年6月、イスラエルがエジプト、シリア、ヨルダンを突如として攻撃し、第三次中東戦争がはじまりました。戦争の影響で原油価格が値上がりしたことから、イランにはかつてないほどの好景気（オイルブーム）が訪れます。翌年にはクウェート、リビア、サウジアラビアの3国が、アラブ石油輸出国機構（OAPEC）を結成しました。

### そのころ、日本では？

第三次中東戦争がはじまった1967年、日本は高度経済成長期のまっただ中です。工業生産が一気に増えたことによって、大気汚染や水質汚濁などを原因とする公害問題が深刻化していました。世論の高まりを受けて、この年に公害対策基本法が成立しています。

オイルブームで得た資金を使って軍事力を増強したイランは、アメリカから兵器を購入し、ペルシア湾での制海権をさらに拡大しました。さらに工業や建設、石油、ガス、通信などのさまざまな分野に資金がつぎ込まれ、産業は大いに発展します。

ムハンマド・レザー・シャーの権力はますます強大化し、アメリカやイスラエルの協力を得て軍隊の動きを監視する王立調査局が組織されました。サヴァクと合わせ、ムハンマド・レザー・シャーによる国家の監視体制が確立されたのです。

## 第四次中東戦争

イランが軍事力を強化していた1973年、第四次中東戦争が起こります。この戦争では、シリアとエジプトがイスラエルを先制攻撃しました。OAPECはイスラエルと戦うアラブ諸国を支援するため、イスラエルと国交のある国への石油の輸出を禁止します。その結果、原油価格が急上昇しました。これがオイルショックです。

ムハンマド・レザー・シャーは、「イエス党」と揶揄《やゆ》された国民党と人民党以外には自由な政党活動を禁止していました。そして、1975年に創設されたラスターヒーズ

（復興）党だけが、合法的な政治組織として認められることになりました。

こうして、イランでは国王とそれを補佐する政党による独裁的な政治体制が確立されます。ヨーロッパの近代国家で行われている官僚制度をモデルに、税の取り立てや戸籍の管理などが徹底されていきました。

イラン軍の規模は拡大しつづけ、オイルショック後の兵力は41万となりました。アメリカから最新兵器を購入し、海軍力はペルシア湾沿岸の国ぐにのなかで最強となります。陸軍も、イギリス軍に匹敵する規模となり、空軍は世界第4位の戦闘力をほこる軍事大国にのしあがったのです。

## そして革命へ

近代化が進む裏で、イランでは深刻な社会問題が起こっていました。発展する都市とさびれていく農村の格差が広がり、さらに都市でも物価が上昇して格差が生まれたのです。農民や貧困層はイスラム教の聖職者たちをリーダーとして抗議行動を起こしますが、治安部隊にしずめられました。この抗議の声は、やがて独裁を強めるムハンマド・レザー・シャーに向けられます。

当時、聖職者のあいだではアーヤトゥッラー・ルーホッラー・ホメイニが、支持を集めていました。イスラム法学者のホメイニは、1960年代に白色革命を批判してフランスに追放されましたが、人気があったため政府からは危険人物とみなされました。

1978年1月7日、政府系の機関紙にホメイニを批判する記事が掲載されました。すると宗教者をはじめ学生や農民などが反発し、9日にイラン北西部の都市ゴムでデモを行いました。このとき、治安部隊が発砲して多くの犠牲者が出ました。

国民の怒りが全国に広がった同年9月、ムハンマド・レザー・シャーは全国11の都市に戒厳令を敷き、軍を派遣しました。活動を制限された国民は、9月

にテヘランでデモを起こしますが、軍の発砲により数千人の犠牲者が出ました。これで国民の怒りは頂点に達し、各地で革命委員会が組織されます。

12月になると、テヘランで200万人を超える規模のデモが発生し、ムハンマド・レザー・シャーに退位を要求しました。軍もデモを抑えられず、翌年1月にムハンマド・レザー・シャーは病気療養と称してエジプトへ逃げました。こうして、パフレヴィー朝は崩壊したのです。

## 最高指導者ホメイニ

ムハンマド・レザー・シャーが不在となって半月ほど経過した1979年2月1日、ホメイニがフランスから帰国しました。ホメイニは帰国前に革命評議会を結成しており、イスラム教の宗教指導者として迎え入れられました。

### そのころ、日本では?

イラン革命によりホメイニが最高指導者となった1979年、日本のプロ野球界では江川《えがわ》卓《すぐる》の読売ジャイアンツ入団をめぐる騒動が巻き起こっていました。前年のドラフト会議で阪神タイガースに指名された江川は、開幕前にトレードで読売へと移籍して入団しました。

2月4日、革命評議会は国民戦線の流れをくむ「イスラム自由運動」に属していたメフディー・バーザルガーンを、臨時政府の首相に任命します。革命評議会は、抗議行動中に生まれた各地の革命委員会や革命を防衛する市民の武装組織革命防衛隊のほか、旧体制の要人を裁いた革命裁判所を統括することになりました。

2月19日にはハメネイなどによってイスラム共和党が結成され、革命評議会における中心勢力となりました。当時の臨時政府の役割は、まず経済を安定させることでした。

一方の革命評議会は、新たな政治体制の樹立に向けて動きました。現実的な路線をとる臨時政府と、理想を追求する革命評議会は、相容れない部分もありました。

3月30日には、王政を廃し、イスラム共和国へ移行することの賛否を問う国民投票が行われ、賛成多数で承認されました。そして4月1日、ホメイニはイラン・イスラム共和国の成立を宣言し、臨時政府は正式にイラン政府となりました。

## アメリカ大使館占拠事件

ホメイニの理想とする政治は、イスラム教の最高指導者がイスラム法の最高解釈者として国家を指導し、救世主（マフディー）が現れるまでのあいだ、イスラム教シーア派教徒の共同体であるイランを管理するというものでした。

19世紀から20世紀にかけて、多くのイスラム教国では、ヨーロッパの国ぐにのように憲法を制定し、議会を開いて政治が行われるようになっていました。しかしホメイニはこのような国家の体制をとらず、イスラム法にもとづく国づくりをはじめました。

また、ホメイニはパフレヴィー朝を支えたアメリカを、「イランが堕落した原因」として、攻撃対象とみなしました。以後、イランは反米の姿勢をとるようになります。

1979年10月、亡命中のムハンマド・レザー・シャーがアメリカに渡りました。イラン政府はこれに抗議し、11月4日にはイランの革命防衛隊に属する学生たちが、

テヘランのアメリカ大使館を占拠して大使館員を人質に立て籠ります。人質を取る行為は国際法違反にあたりますが、学生たちはそれを無視しました。

同日、イランのバーザルガーン首相は国際法に反する占拠に抗議し、責任を取って総辞職しました。こうして、革命評議会はイランの政権をにぎります。大使館員など52人を人質とした学生たちは、ムハンマド・レザー・シャーの引き渡しを要求しました。

## ホメイニを頂点に

人質事件が続く1979年10月、イラン史上2番目の憲法が成立しました。これにより法の下での国民の平等、一院制の議会、三権分立などが定められ、大統領制がはじまります。ただし、統治権と指導権はホメイニを頂点とする宗教指導者たちに委ねられました。形式的には立憲国家ですが、実態として宗教指導者が最高権力を手にしたのです。

新憲法は12月に公布され、翌年1月の大統領選挙でバニサドルが初代大統領になりました。バニサドルはパリに留学した経験があり、経済を重視した国づくりをめざす現実路線の政治家でした。

これに対し、革命評議会の支援があるイスラム共和党は、最高裁判所の長官をはじめとする要職を独占しました。さらに3月に行われた国民議会選挙でもイスラム共和党は過半数の議席を確保して、国民議会はイスラム議会へと名称が変更されました。

## アメリカ大使館はどうなった？

占拠されたままのアメリカ大使館では、人質へのひどい仕打ちが続いており、たびたび脱走する者もいました。アメリカではイラン政府に対する抗議デモや、アメリカにあるイラン大使館への抗議活動が広がっていました。

１９８０年4月、アメリカ大統領カーターの命令で、アメリカ軍が救出作戦を実施します。ところがアメリカ軍のヘリコプターがテヘラン近郊で事故を起こし、失敗に終わりました。7月にムハンマド・レザー・シャーが死去すると、学生たちは人質をとる理由がなくなり、こう着状態となります。

そのころ、イランは隣国のイラクとの関係が悪化していました。シーア派を国教とするアーリア人の国イランに対し、イラクはスンナ派が政権をになうアラブ人の国家です。

イラクはイランとは異なり、聖職者が政治に口出しできませんでした。

第四次中東戦争のあと、アラブ連盟のリーダーとなったイラク大統領サダム・フセインが、独裁政権を築きました。オイルショックで得た潤沢な資金を武器購入にあてて、軍備を着々と整えていました。

フセインの狙いは、アメリカとの関係が薄れて軍備が不十分となっていたイランでした。とくに、石油が取れるイラン南西部のフーゼスターン地方などを狙っていました。

## イラクが攻めてきた!

1980年9月22日、イラク空軍は突如としてイランの空軍基地を攻撃し、戦争がはじまります。アメリカ大使館占拠事件の影響もあってヨーロッパ諸国やアメリカ、ソ連、フランス、中国はこぞってイラクを支援しました。

国際的にも孤立していたイランは、苦戦を強いられます。政府は、急ぎアメリカとの関係改善を図るため大使館事件の解決に動き、1981年1月、444日ぶりに人質が解放されました。

## イラン・イラク戦争

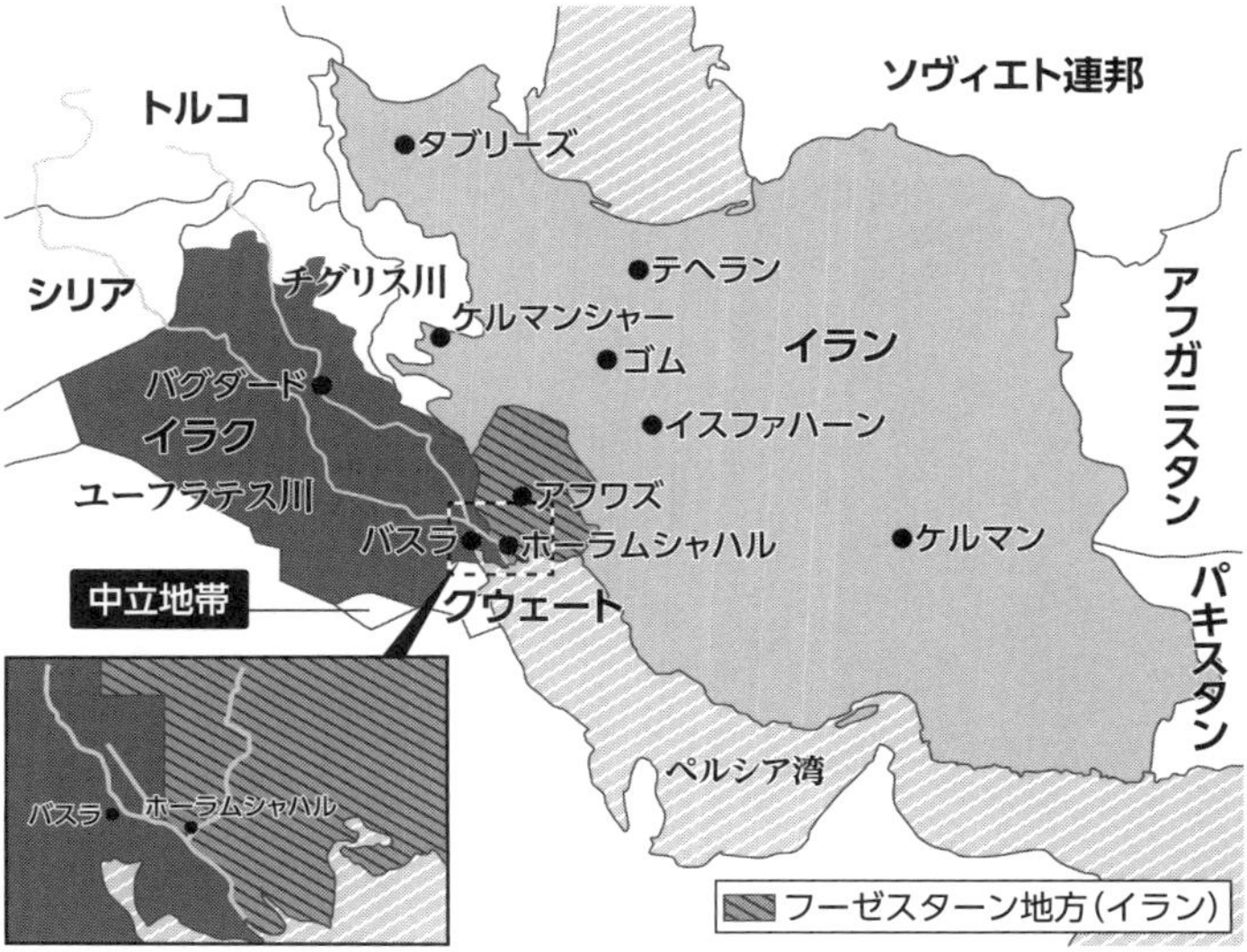


その後、国土を侵略されたことに怒ったイラン国民が義勇兵として戦争に参加し、またイランから石油を輸入していたイスラエルが味方についたことで、五分五分の形勢となりました。イスラエルは秘密裏にアメリカから購入した兵器を横流ししたり、イラクを空爆したりと、イランを強力に支援しました。
さらに、イスラエルと敵対するシリアも、国家元首がスンナ派嫌いという理由からイランを支援しました。

イランは開戦直後に一時混乱したものの、大統領バニサドルが陸軍・海軍・空軍の長として指揮をとって抵抗しました。大統領が軍を統率することに対して、イスラム共和党は危機感を強めました。

バニサドルとイスラム共和党が対立するなかで行われた1981年の議会選挙では、イスラム共和党が勢力を伸ばしました。6月の議会では大統領の弾劾《だんがい》決議が可決され、バニサドルはフランスに亡命します。ところが、7月に行われた大統領選挙で当選したラジャーイーが、イスラム・マルクス主義政治組織による爆破テロで暗殺されました。

そして10月、イスラム共和党の創設者ハメネイが第3代大統領に選出されました。ハメネイは行政府の長官、イスラム議会議長、最高裁判所長官、首相にそれぞれイスラム共和党のメンバーを配置します。こうして、最高指導者ホメイニのもとでイスラム体制が完成しました。

## アメリカとの秘密交渉

1982年6月、イスラエルがシリアの支配するレバノンに攻め込み、内戦が勃発します。イランがシリアに味方したことで、中東情勢は混沌としました。

1985年8月、内戦が続くレバノンで平和維持活動を行っていたアメリカ軍兵士が、シーア派の過激派組織ヒズボラに拘束されるという事件が起こりました。アメリカはイランと国交を断絶していたため、イスラエル介して秘密交渉をはじめます。

イランにとってはアメリカもイスラエルも敵ですが、イラクとの戦争で武器が不足していたため、この交渉は願ってもないチャンスとなりました。

三国の秘密交渉により、アメリカの兵器がイランに送られ、イランからはその代金がアメリカに支払われることになりました。アメリカは、この代金を人質の解放に使おうと考えました。

イラクと国交があるアメリカにとって、敵であるイランに武器を送るのは国家理念に反します。しかしこのときは、利益のために目をつむりました。

秘密交渉が続いていた1986年10月、南米ニカラグアの上空で大量の武器を搭載した輸送機が撃墜されるという事件が起こりました。

この事件で、アメリカがニカラグアの反政府組織コントラを支援していることがわかりました。そしてイランがもともとコントラとつながっていたことから、イランとアメリカの秘密交渉も発覚します。これは国際的なスキャンダルとなって、世界中から非難されました。

当時のアメリカ大統領レーガンはイランに責任を押しつけ、イスラエルは批判をかわすため交渉から離脱しました。しかし、イランはイラクとの戦況が悪化しており、対応する余裕がありませんでした。

## 最高指導者ハメネイ

こう着状態が続いていた1988年2月、イランとイラクはそれぞれに攻撃を再開します。イランではテヘランをふくむ主要都市がミサイル攻撃によって破壊されました。

ふたたび戦争が激化するかと思われた矢先、国連が両国

### そのころ、日本では？

イラン・イラク戦争の停戦が成立した1988年は、日本ではバブル景気のまっただ中でした。1989年12月29日に日経平均株価が３万8915円（終値）となり、史上最高値を記録しました。なお、2024年２月、34年ぶりに日経平均株価の史上最高値が更新されています。

に停戦交渉をもちかけ、7月に停戦が成立しました。

7年11カ月にわたる戦争により、イラン・イラク両国で40万人の死者、60万人の負傷者を出したといわれます。

翌年、ホメイニが死去しました。ホメイニの後継者で次期最高指導者とされていたモンタゼリーと、イスラム議会議長ラフサンジャニ、大統領ハメネイが対立します。最終的に政治的な闘争で敗れたモンタゼリーは、後継者になれませんでした。

1990年8月には、イラクがクウェートに侵攻して湾岸戦争が起こります。この戦争では石油の需要が高まり、イランは経済の回復に努めました。

翌年6月、大統領ハメネイは、選挙で選ばれた73人の専門家による会議で、最高指導者に選出されました。後任の大統領にはラフサンジャニが就任しました。

ラフサンジャニは経済再興と国際関係の改善をめざしました。最高指導者ハメネイの支持を得て外国資本の導入などを図りましたが、イラン社会は変化を望まず、また保守的な勢力が協力しなかったこともあり、十分な成果を上げられません。失業者があふれ、物価の上昇が続き、若者を中心に不満の声が上がりました。

## 「悪の枢軸」呼ばわり

2000年代に入ると、中東のイスラム教国とアメリカとの紛争が起こりました。まず、2001年9月に起こったアメリカ同時多発テロです。これは、90年代からテロ活動を続けていたイスラム原理主義組織アルカーイダによって引き起こされます。アルカーイダはおもにスンナ派を源流とし、イランはこのテロに関与していません。

アメリカ軍は、同年10月にアルカーイダの活動拠点であったアフガニスタンを空爆し、アフガニスタンのタリバン政権は崩壊しました。

当時のイラン大統領ハタミは、アメリカと敵対するのは将来にわたって不利益になると考え、アメリカとの関係の改善を図ろうとします。ところが、国内のイスラム教徒や保守派は反対しました。結局イランは、イスラエルを敵視するレバノンのシーア派組織ヒズボラへの資金援助を続けます。

アメリカ軍がアルカーイダの追討作戦を行っていた2002年1月、アメリカの大統領ジョージ・ブッシュ・ジュニアは、統治者（支配者）が自由を求める国民の声を無視し、核兵器を開発していること、テロリストを輸出していることを批判しました。そして北朝鮮やイラク、イランを「悪の枢軸《すうじく》」と呼び、経済制裁の対象としました。

8月にはイランの反体制組織が、「イラン国内に核関連施設が建設されていた」と暴露して、アメリカをはじめとする国際世論から非難を浴びます。イランはアメリカに対して反発姿勢を見せたものの、イギリス、フランス、ドイツとは独自に交渉し、「原子力開発関連の活動の停止」などに合意しました。

2003年2月、国際原子力機関（IAEA）がイラン中部のナタンゼを訪問した際、イランが製造していたウラン濃縮施設の存在が明らかになります。

イランは核兵器開発の意図を否定し、自国の原子力活動に関する申告書などを提出しました。アメリカやイギリスが3月からイラクとの戦争に注力したことで、ひとまず棚上げされました。

## 核は平和に活用する

イランでは、2005年に第6代大統領アフマディネジャドが誕生しました。彼は庶民の生活を改善する政策をアピールして当選したにもかかわらず、実際は自分の支持者を優遇し、国民を失望させました。

それでもアフマディネジャドは対外的に強気な姿勢をとり続け、2006年にはふたたび核開発の疑いをかけられました。アフマディネジャドは核の使用禁止を唱え、疑いをかけた国際原子力機関とは別の組織をつくるべきであると主張しました。

こうしてイランは国際社会でますます孤立し、味方となる国は、トルコやキューバ、ブラジル、エジプトなど反米を掲げる一部でした。

国内では、経済制裁の影響で農業や製造業が低迷して物不足となり、食料品や工業品は輸入に頼らざるをえなくなり、深刻なインフレが発生します。アフマディネジャドは、貧困層に向けて特別給付金などを給付しますが、効果は一時的なものでしかなく、富裕層と貧困層の経済格差は広がりました。

そんななか、国民の政府への不満は、社会のあらゆるところで表面化していきます。宗教指導者たちが自分たちの生活を困難なものにしていると考える国民が増え、聖職者への抗議行動も発生し、礼拝への参加者も減少していきました。

アフマディネジャドのあと、2013年に大統領となったロウハニは、「核は平和利用する」「新たなウラン濃縮工場は建設しない」などの内容でアメリカと合意します。こうして、2015年にイランの経済制裁は解除されました。

ところが2018年、アメリカ大統領ドナルド・トランプは核問題の包括合意から離脱しました。イランはふたたびアメリカからの経済制裁を受けることになり、成長しかけていたイラン経済は暗転しました。2021年にイラン大統領となったライシは反米を強く主張し、イスラエルとの関係も悪化しました。

2022年には、ヘジャブ（頭巾）を着用していなかった女性が警察施設で死去した事件から、大規模なデモが起こりました。

## 先の見えないイラン情勢

２０２３年10月7日、スンナ派のイスラム原理主義組織ハマスが、イスラエル領内にミサイルを撃ち込み、ガザ地区周辺で戦闘が発生します。その翌日には、レバノンで活動するヒズボラが、イスラエルに砲撃を加えて戦闘がはじまりました。イスラエルとハマス、ヒズボラの戦闘は現在も続いています。

ヒズボラを支援するイランはイスラエルと敵対関係にあり、２０２４年4月には、シリアにあるイラン大使館がイスラエル軍に空爆されました。イランもイスラエルを空爆し、戦火はさらに拡大しています。

戦闘が続いていた5月、イラン大統領ライシなどが乗るヘリコプターが墜落し、乗っていた8人が死亡します。テロも疑われましたが、悪天候による事故とされました。6月の選挙で新大統領となったペゼシュキアンは改革をめざすとみられ、保守的な支配層との対立が懸念されています。

イランの国内外をめぐる情勢は、この先も混乱が予想されています。

知れば知るほどおもしろいイランの偉人❽

イラン・ポップ界の寵児
# ヴィーゲン
ویگن دردریان
（1929 ～ 2003 年）

## イラン革命後はアメリカで活動

イラン西部のハマダンに生まれたイラン系アルメニア人のヴィーゲンは、貧しい幼少期に国内を転々としたのちアゼルバイジャンのタブリーズに移住しました。そこで進駐していたロシア人からギターを買い、弾き方を教わります。その後兵役に入って、歌を覚えました。

兵役を終えてテヘランに移ると、測量士の仕事をしながら高級レストランで歌手として働きました。1951年に兄が作詞した初めての作品『月光』がラジオで放送されると大ヒットして、以後は人気歌手となります。映画にも出演するようになったヴィーゲンですが、王朝一族とのトラブルで1971年にアメリカに移住しました。

その後帰国して活動を再開しますが、1979年にイラン革命が起こると、イランでは欧米の音楽が禁止され、ヴィーゲンは追放されました。その彼はアメリカで活動を続けますが、2003年にガンのため死去しました。

## イランの歴史

# 年表

この年表は本書であつかったイランのできごとを中心につくってあります。
下段の「世界と日本のできごと」と合わせて、理解を深めましょう。

| 年代 | イランのできごと |
| --- | --- |
| 〈紀元前〉 | |
| 22世紀 | 古代エラム王国が成立 |
| 1200年ごろ | エラム人がバビロニアを攻める |
| 8世紀 | メディア王国が成立 |
| 7世紀後半 | エラム王国が滅亡 |
| 612 | メディア王国がアッシリア王国を滅ぼす |
| 550 | キュロス2世がアケメネス朝ペルシアを建国 |
| 539 | キュロス2世が新バビロニア王国を滅ぼす |
| 522 | ダレイオス1世が即位 |
| 333 | イッソスの戦い |

### 世界と日本のできごと

〈紀元前〉
世界 インダス文明が興る（2500年ごろ）
世界 ラムセス2世が死去（1212年ごろ）
世界 古代オリンピックが開催（776）
世界 シチリア島のエトナ山が噴火（693）
世界 ネコ2世が即位（610）
世界 孔子が生まれる（551）
世界 仏教が成立（6世紀ごろ）
世界 ローマで共和政が開始（509）
世界 商鞅が死去（338）

| | | |
|---|---|---|
| 330 | アケメネス朝ペルシアが滅亡 | 世界 アレクサンドリア建設（331） |
| 305 | セレウコス朝シリアが成立 | 世界 プトレマイオス朝が成立（304） |
| 248ころ | パルティア王国が成立 | 世界 第一次ポエニ戦争（264） |
| 171 | ミトリダテス1世が即位 | 世界 ハンニバルが死亡（183） |
| 〈紀元〉 | | 〈紀元〉 |
| 51 | ヴォロゲセース1世が即位 | 世界 ネロが皇帝となる（51） |
| 166 | クテシフォンがローマに占領される | 世界 ゲルマン民族が移動を開始（180） |
| 226 | パルティア王国が滅亡、ササン朝ペルシアが成立 | 世界 孫権が皇帝となる（229） |
| 240ころ | シャープール1世が即位 | 世界 ローマで軍人皇帝時代に（235） |
| 276 | ゾロアスター教がササン朝ペルシアの国教となる | 日本 卑弥呼が魏に使いを送る（239） |
| 309 | シャープール2世が即位 | 世界 ミラノ勅令（313） |
| 531 | ホスロー1世が即位 | 日本 磐井の乱（527） |
| 610 | イスラム教が創始される | 世界 唐が成立（618） |
| 651 | ササン朝ペルシアが滅亡 | 日本 乙巳の変（645） |
| 661 | ウマイヤ朝が成立 | 日本 白村江の戦い（663） |

| 年代 | イランのできごと | 世界と日本のできごと |
| --- | --- | --- |
| 749 | アッバース朝が成立 | 日本 墾田永年私財法（743） |
| 750 | ウマイヤ朝が滅亡 | 日本 東大寺の大仏開眼（752） |
| 821 | ホラサン地方でターヒル朝が成立 | 世界 エグバートがイングランドを統一（829） |
| 864 | タバリスタン地方でザイド朝が成立 | 世界 フランク王国が分裂（843） |
| 867 | スィスターン地方でサッファール朝が成立 | 日本 応天門の変（866） |
| 875 | 中央アジアでサーマーン朝が成立 | 世界 黄巣の乱（875） |
| 927 | ギーラーン地方でズィヤール朝が成立 | 世界 イングランド王国が成立（927） |
| 935 | ブワイフ朝が成立 | 世界 新羅が滅亡（935） |
| 962 | アフガニスタンでガズナ朝が成立 | 世界 神聖ローマ帝国が成立（962） |
| 1038 | セルジューク朝が成立 | 日本 延暦寺の僧が強訴（1039） |
| 1055 | ブワイフ朝が滅亡 | 日本 前九年の役（1051） |
| 1071 | マンジケルトの戦い | 世界 ノルマン朝が成立（1066） |
| 1092 | ニザームルムルクが暗殺される | 日本 白河上皇が院政を開始（1086） |
| 1097 | ホラズム・シャー朝が成立 | 世界 第1回十字軍（1096） |

| | | |
|---|---|---|
| 1217 | アラー・アッディーン・ムハンマドがイラン全土を支配 | 日本 源実朝が暗殺される（1219） |
| 1231 | ホラズム・シャー朝が滅亡 | 日本 御成敗（貞永）式目（1232） |
| 1258 | アッバース朝が滅亡 | 世界 マムルク朝が成立（1250） |
| 1260 | イル・ハン国が成立 | 日本 文永の役（1274） |
| 1295 | ガザン・ハンが即位 | 世界 フビライが死去（1294） |
| 1299 | アナトリア地方でオスマン帝国が成立 | 日本 永仁の徳政令（1297） |
| 1370ごろ | ティムール帝国が成立 | 世界 明王朝が成立（1368） |
| 1375 | 黒羊朝が成立 | 世界 キリキア・アルメニア王国が滅亡（1375） |
| 1378 | 白羊朝が成立 | 世界 教会大分裂（1378） |
| 1469 | 白羊朝がイラン高原一帯を征服 | 日本 応仁・文明の乱（1467） |
| 1501 | サファヴィー朝が成立 | 世界 コロンブスが新大陸に到達（1492） |
| 1587 | アッバース1世が即位 | 世界 アルマダの海戦（1588） |
| 1597 | 首都をイスファハーンに移転 | 日本 慶長の役（1597） |
| 1639 | サファヴィー朝とオスマン帝国の国境が確定 | 世界 ピューリタン革命（1640） |
| 1736 | アフシャール朝が成立 | 世界 ロシア帝国が成立（1721） |

| 年代 | イランのできごと | 世界と日本のできごと |
| --- | --- | --- |
| 1747 | アフガニスタンでドゥッラーニー朝が成立 | 世界 オーストリア継承戦争（1740） |
| 1765 | ザンド朝が成立 | 世界 第一次露土戦争（1768） |
| 1797 | ガージャール朝が成立 | 世界 ナポレオンがエジプトに遠征（1798） |
| 1801 | ガージャール朝がイギリスと通商条約を結ぶ | 世界 ロシアがジョージアを併合（1801） |
| 1804 | 第一次イラン・ロシア戦争（～1813） | 世界 ナポレオンが皇帝に（1804） |
| 1826 | 第二次イラン・ロシア戦争（～1828） | 日本 異国船打払令（1825） |
| 1848 | バーブ教徒が反乱を起こす | 世界 二月革命（1848） |
| 1891 | タバコ・ボイコット運動 | 世界 露仏同盟（1891） |
| 1907 | 英露協商によりイランが分割される | 日本 日露戦争（1904） |
| 1908 | イラン立憲革命（～1911） | 世界 ハーグ密使事件（1907） |
| 1915 | ジャンギャリー運動（～1921） | 世界 第一次世界大戦（1914） |
| 1920 | イラン・ソヴィエト社会主義共和国が建国 | 世界 国際連盟が発足（1920） |
| 1925 | パフレヴィー朝が成立 | 日本 関東大震災（1923） |
| 1934 | 国名をペルシアからイランに変更 | 世界 溥儀が満洲国皇帝に（1934） |

| | | |
|---|---|---|
| 1941 | ムハンマド・レザーが即位 | 世界 太平洋戦争が開戦（1941） |
| 1945 | アゼルバイジャン国民政府が樹立 | 日本 広島と長崎に原爆投下（1945） |
| 1951 | モサッデグが首相に就任 | 世界 第一次中東戦争（1948） |
| 1953 | モサッデグが逮捕される | 世界 第二次中東戦争（1956） |
| 1963 | ムハンマド・レザー・シャーが「白色革命」を宣言 | 世界 キューバ危機（1962） |
| 1979 | イラン革命、ホメイニが最高指導者に | 日本 第1回共通一次試験（1979） |
| | アメリカ大使館占拠事件 | 世界 ソ連がアフガニスタンに侵攻（1979） |
| 1980 | イラン・イラク戦争（～1988） | 世界 天然痘の根絶宣言（1980） |
| | バニサドルが初代大統領に | 日本 大平首相が急死（1980） |
| 1989 | ホメイニが死去、ハメネイが最高指導者に | 世界 ベルリンの壁崩壊（1989） |
| 1991 | ラフサンジャニが大統領に就任 | 世界 湾岸戦争（1991） |
| 1997 | ハタミが大統領に就任 | 世界 香港が中国に返還される（1997） |
| 2005 | アフマディネジャドが大統領に就任 | 日本 郵政民営化法が成立（2005） |
| 2013 | ロウハニが大統領に就任 | 日本 東日本大震災（2011） |
| 2024 | イスラエルをミサイル攻撃、ライシ大統領が事故死 | 世界 スウェーデンがNATOに加盟（2024） |

# 主要参考文献


『古代オリエント事典』日本オリエント学会編（岩波書店）
『図説古代オリエント事典 大英博物館版』ピョートル・ビエンコウスキ、アラン・ミラード編著、池田裕ほか訳（東洋書林）
『新版世界各国史9 西アジア史II イラン・トルコ』永田雄三編（山川出版社）
『新書東洋史9　西アジアの歴史』小玉新次郎（講談社現代新書）
『アケメネス朝ペルシア』阿部拓児（中公新書）
『世界の歴史9 ペルシア帝国』足利惇氏（講談社）
『興亡の世界史01 アレクサンドロスの征服と神話』森谷公俊（講談社）
『興亡の世界史06 イスラーム帝国のジハード』小杉泰（講談社）
『ゾロアスター教』青木健（講談社選書メチエ）
『古代オリエントの神々』小林登志子（中公新書）
『世界の歴史4 オリエント世界の発展』小川英雄、山本由美子（中央公論社）
『岩波講座 世界歴史３ ローマ帝国と西アジア』荒川正晴ほか編（岩波書店）
『岩波講座 世界歴史８ 西アジアとヨーロッパの形成』荒川正晴ほか編（岩波書店）
『岩波講座 世界歴史９ ヨーロッパと西アジアの変容』荒川正晴ほか編（岩波書店）
『岩波講座 世界歴史13 西アジア・南アジアの帝国』荒川正晴ほか編（岩波書店）
『イラン史』蒲生禮一（修道社）
『物語 イランの歴史』宮田律（中公新書）
『イラン史』羽田正編（山川出版社）
『イランの野望』鵜塚健（集英社新書）
『イランを知る その誇りと抵抗』小川光一（キャラバン）
『東西文明の交流2 ペルシアと唐』山田信夫編（平凡社）
『オリエント世界はなぜ崩壊したか』宮田律（新潮選書）
『岩波イスラーム辞典』大塚和夫ほか編（岩波書店）
『イラン現代史』吉村慎太郎（有志舎）
『中近東現代史』梅津和郎（泰流社）
『国際情勢ベーシックシリーズ3 中東（第3版）』立山良司ほか著（自由国民社）
『誰にでもわかる中東』小山茂樹（時事通信社）
『中央ユーラシアを知る事典』小松久男ほか編（平凡社）
『イラン』フレッド・ハリデー著、岩永博ほか訳（法政大学出版局）
『ビジュアル版 イスラーム歴史物語』後藤明（講談社）
『世界史リブレット37 イスラーム世界の危機と改革』加藤博（山川出版社）
『シーア派』桜井啓子（中公新書）
『イスラーム戦争の時代』内藤正典（NHK出版）
『歴史のなかのイラク戦争』山内昌之（NTT出版）
『米ロ対立100年史』佐藤優監修（宝島社）
『アフガニスタンの歴史』マーティン・ユアンズ著、金子民雄監修（明石書店）
『アルメニアを知るための65章』中島偉晴、メラニア・バグダサリヤン編著（明石書店）
『コーカサスを知るための60章』北川誠一ほか編著（明石書店）
『シリア・レバノンを知るための64章』黒木英充編著（明石書店）
『クルド・国なき民族のいま』勝又郁子（新評論）
『クロニック世界全史』樺山紘一ほか編集（講談社）
『鉄道の世界史』小池滋ほか編（悠書館）

[著者]
関眞興（せき・しんこう）
1944年、三重県生まれ。東京大学文学部卒業後、駿台予備学校世界史科講師を経て著述家。『30の戦いからよむ世界史（上）（下）』『キリスト教からよむ世界史』『一冊でわかるアメリカ史』『一冊でわかるドイツ史』『一冊でわかるロシア史』『一冊でわかるトルコ史』『一冊でわかるブラジル史』『一冊でわかる東欧史』など著書多数。

編集・構成／造事務所
ブックデザイン／井上祥邦（yockdesign）
イラスト／suwakaho
写真／〈P7〉Kirill Skorobogatko/shutterstock.com

世界と日本がわかる　国ぐにの歴史
一冊でわかるイラン史

2024年11月20日　初版印刷
2024年11月30日　初版発行

著　者　関眞興

発行者　小野寺優
発行所　株式会社河出書房新社
〒162-8544
東京都新宿区東五軒町2-13
電話03-3404-1201（営業）
03-3404-8611（編集）
https://www.kawade.co.jp/
組　版　株式会社造事務所
印刷・製本　TOPPAN クロレ株式会社

Printed in Japan
ISBN978-4-309-81123-9

## 「世界と日本がわかる 国ぐにの歴史」シリーズ

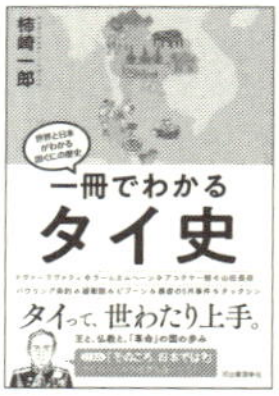